Business Intelligence Basics

Erfolgreich starten mit BI, Datenanalyse und Reporting

Philipp Sattler

Impressum

1. Auflage

Copyright © 2024 Philipp Sattler, Aichach

Alle Rechte vorbehalten.

ISBN:	9798339533467
Autor:	Philipp Sattler c/o COCENTER Koppoldstr. 1 86551 Aichach
Internet:	www.philippsattler.de
Mail:	hi@philippsattler.de

Über dieses Buch

Copyright

Dieses Buch, einschließlich aller darin enthaltenen Texte, Grafiken und Abbildungen, ist urheberrechtlich geschützt. Jede unautorisierte Vervielfältigung, Verbreitung oder Verwendung des Inhalts, ob ganz oder teilweise, ist ohne ausdrückliche schriftliche Zustimmung des Autors verboten. Ausnahmen können durch geltende Urheberrechtsgesetze zugelassen sein.

Alle in diesem Buch verwendeten Markennamen, Warenzeichen, Logos und Produktnamen sind Eigentum ihrer jeweiligen Inhaber und werden nur zu Identifikationszwecken verwendet. Ihre Verwendung impliziert keine Empfehlung oder Unterstützung durch den Autor.

Haftungsausschluss

Der Autor hat alle Anstrengungen unternommen, um sicherzustellen, dass die Informationen in diesem Buch korrekt und vollständig sind. Dennoch übernimmt der Autor keine Haftung für etwaige Fehler oder Auslassungen sowie für Handlungen, die auf den Inhalt dieses Buches zurückzuführen sind.

Dieses Buch dient zu Bildungszwecken und stellt keine Garantie für die korrekte Funktionsweise des in den Beispielen dargestellten Codes dar. Der Autor haftet nicht für etwaige Verluste, Schäden oder Nachteile, die durch die Anwendung der im Buch vorgestellten Methoden, Codes oder Techniken entstehen.

Der Leser wird ermutigt, seine eigenen Tests und Bewertungen durchzuführen, bevor er Code in produktiven Umgebungen anwendet.

Inhalt

Kapitel 1: Einführung in Business Intelligence 1
    1.1 Die Rolle von BI im Unternehmen 1
    1.2 Die Bestandteile eines BI-Systems 3
    1.3 BI als Entscheidungswerkzeug 5
Kapitel 2: Daten und Datenquellen 6
    2.1 Arten von Daten 6
    2.2 Erfassung und Speicherung von Daten 8
    2.3 Datenqualität 10
    2.4 Datenintegration für Business Intelligence 12
Kapitel 3: Datenanalyse: Prozesse, Methoden und Werkzeuge 13
    3.1 Was ist Datenanalyse? 13
    3.2 Der Datenanalyseprozess: Schritt für Schritt 14
    3.3 Methoden der Datenanalyse 16
    3.4 Werkzeuge für die Datenanalyse 18
    3.5 Herausforderungen und Best Practices der Datenanalyse 20
Kapitel 4: Reporting und Visualisierung: Der Schlüssel zur effektiven Kommunikation von Daten 21
    4.1 Bedeutung von Reporting und Visualisierung in Business Intelligence 21
    4.2 Der Prozess der Berichtserstellung 22
    Schritt 3: Datenquelle und Datenintegration 24
    4.3 Die Kunst der Datenvisualisierung 27
    4.4 Tools für Reporting und Visualisierung 28
    4.5 Herausforderungen bei Reporting und Visualisierung 29
    4.6 Best Practices für effektives Reporting 29
Kapitel 5: Die Implementierung von Business Intelligence im Unternehmen 31
    5.1 Einführung in die BI-Implementierung 31
    5.2 Strategische Planung und Zielsetzung 32
    5.2.1 Definition der BI-Strategie 32
    5.2.2 Einbeziehung der Stakeholder 33
        5.2.3 Entwicklung einer Roadmap 33
        5.2.4 Kosten-Nutzen-Analyse 34

5.3 Auswahl der richtigen BI-Technologie 35
    5.3.1 On-Premise vs. Cloud-Lösungen 35
    5.3.2 Wichtige Kriterien für die Tool-Auswahl 36
    5.3.3 Ein Vergleich beliebter BI-Tools 37
5.4 Datenmanagement und Datenintegration 37
    5.4.1 Datenquellen und ihre Integration 37
    5.4.2 Datenbereinigung und Datenqualität 38
5.5 Benutzerakzeptanz und Schulung 39
    5.5.1 Nutzerfeedback und Einbindung 39
    5.5.2 Schulung und Weiterbildung 39
5.6 Erfolgskontrolle und kontinuierliche Verbesserung 40
    5.6.1 Erfolgskriterien 40
    5.6.2 Kontinuierliche Verbesserung 40

Kapitel 6: Arten der Datenanalyse – Vom Deskriptiven bis zum Prädiktiven 42
6.1 Einführung in die Welt der Datenanalyse 42
6.2 Deskriptive Analyse: Der erste Blick auf die Daten 43
    6.2.1 Ziele der deskriptiven Analyse 43
    6.2.2 Methoden und Techniken der deskriptiven Analyse 43
    6.2.3 Beispiele der deskriptiven Analyse im Unternehmenskontext.. 44
6.3 Diagnostische Analyse: Die Gründe hinter den Zahlen 45
    6.3.1 Ziele der diagnostischen Analyse 45
    6.3.2 Methoden und Techniken der diagnostischen Analyse 46
    6.3.3 Beispiele der diagnostischen Analyse im Unternehmenskontext 46
6.4 Prädiktive Analyse: Blick in die Zukunft 47
    6.4.1 Ziele der prädiktiven Analyse 47
    6.4.2 Methoden und Techniken der prädiktiven Analyse 48
6.4.3 Beispiele der prädiktiven Analyse im Unternehmenskontext 48
6.5 Präskriptive Analyse: Handlungsempfehlungen auf Basis von Daten 49
    6.5.1 Ziele der präskriptiven Analyse 49
    6.5.2 Methoden und Techniken der präskriptiven Analyse 50
    6.5.3 Beispiele der präskriptiven Analyse im Unternehmenskontext.

6.6 Zusammenfassung: Die Rolle der Datenanalyse im modernen Unternehmen 51

Kapitel 7: Reporting und Visualisierung – Die Kunst der datenbasierten Präsentation 52

7.1 Einleitung: Warum Reporting und Visualisierung so wichtig sind.. 52

7.2 Die Grundlagen des Reportings 53

    7.2.1 Was ist Reporting? 53

    7.2.2 Typen von Reports 53

    7.2.3 Herausforderungen im Reporting 54

7.3 Datenvisualisierung: Mehr als nur hübsche Grafiken 55

    7.3.1 Was ist Datenvisualisierung? 55

    7.3.2 Typen von Datenvisualisierungen 55

    7.3.3 Best Practices in der Datenvisualisierung 57

7.4 Das perfekte Dashboard – Ein integraler Bestandteil des BI-Systems 58

    7.4.1 Aufbau eines Dashboards 58

    7.4.2 Einsatzbereiche von Dashboards 59

7.5 Zusammenfassung: Reporting und Visualisierung als Schlüssel zur BI 59

Kapitel 8: Datenquellen und Integration – Wie man Daten aus verschiedenen Systemen zusammenführt 60

8.1 Einleitung: Die Herausforderung der verteilten Datenquellen 60

8.2 Typische Datenquellen in Unternehmen 61

    8.2.1 Interne Datenquellen 61

    8.2.2 Externe Datenquellen 62

8.3 Herausforderungen bei der Datenintegration 63

    8.3.1 Unterschiedliche Datenformate und Strukturen 63

    8.3.2 Datenqualität 63

    8.3.3 Daten-Silos 63

    8.3.4 Echtzeit-Integration vs. Batch-Integration 64

8.4 Methoden der Datenintegration 64

    8.4.1 ETL (Extract, Transform, Load) 64

    8.4.2 ELT (Extract, Load, Transform) 65

    8.4.3 APIs und Webservices 65

8.4.4 Datenvirtualisierung... 66
8.5 Best Practices für die Datenintegration... 66
    8.5.1 Daten-Governance.. 66
    8.5.2 Standardisierung von Datenformaten.. 67
    8.5.3 Automatisierung.. 67
    8.5.4 Flexibilität und Skalierbarkeit... 67
8.6 Zusammenfassung: Die Bedeutung der Datenintegration............. 67

Kapitel 9: Datenmanagement und Datenqualität – Wie man zuverlässige und konsistente Daten sicherstellt................................. 68
    9.1 Einleitung: Die Rolle von Datenmanagement und Datenqualität in der Business Intelligence... 68
    9.2 Was ist Datenmanagement?... 69
    9.3 Die Bedeutung der Datenqualität.. 70
        9.3.1 Dimensionen der Datenqualität... 70
        9.3.2 Auswirkungen schlechter Datenqualität.................................. 71
    9.4 Herausforderungen im Datenmanagement..................................... 72
        9.4.1 Wachsende Datenmengen... 72
        9.4.2 Datensilos... 72
        9.4.3 Unterschiedliche Datenformate.. 72
        9.4.4 Datenschutz und Compliance.. 73
        9.4.5 Datenqualitätssicherung... 73
    9.5 Best Practices für das Datenmanagement...................................... 73
        9.5.1 Implementierung einer Daten-Governance-Strategie............ 73
        9.5.2 Regelmäßige Datenbereinigung und -validierung................. 74
        9.5.3 Nutzung moderner Technologien für das Datenmanagement.. 74
        9.5.4 Datenarchitektur optimieren... 75
    9.6 Datenqualitätssicherung: Maßnahmen und Tools........................... 75
        9.6.1 Datenqualitäts-Tools.. 75
        9.6.2 Automatisierte Überwachungsprozesse................................ 76
    9.7 Zusammenfassung: Datenmanagement als Fundament erfolgreicher BI-Initiativen.. 76

Zusatzkapitel 1: Die Rolle von Datenqualität in der Business Intelligence... 77
    1.1 Was versteht man unter Datenqualität?... 77

Wichtige Merkmale der Datenqualität: 77
1.2 Warum ist Datenqualität für BI so wichtig? 78
    1.2.1 Verlässliche Entscheidungsfindung 78
    1.2.2 Effiziente Berichterstellung 79
    1.2.3 Kosteneffizienz 79
    1.2.4 Vertrauen in BI-Systeme 79
1.3 Herausforderungen bei der Sicherstellung der Datenqualität 79
    1.3.1 Daten aus verschiedenen Quellen 80
    1.3.2 Unstrukturierte Daten 80
    1.3.3 Manuelle Dateneingabe 80
    1.3.4 Veraltete Daten 80
1.4 Maßnahmen zur Verbesserung der Datenqualität 81
    1.4.1 Etablierung von Datenqualitätsstandards 81
    1.4.2 Automatisierte Datenprüfung 81
    1.4.3 Schulung von Mitarbeitern 81
    1.4.4 Einsatz von Data Governance 82
1.5 Best Practices zur Sicherstellung der Datenqualität in BI-Projekten. 82
1.6 Fazit 83

Zusatzkapitel 2: Trends und zukünftige Entwicklungen in der Business Intelligence 83
2.1 Automatisierung und KI in BI 84
    2.1.1 Automatisierte Datenanalyse 84
    2.1.2 Augmented Analytics 84
    2.1.3 Automatisierte Entscheidungsfindung 85
2.2 Self-Service BI und Demokratisierung von Daten 85
    2.2.1 Self-Service BI 85
    2.2.2 Förderung der datengetriebenen Unternehmenskultur ... 86
2.3 Datenvisualisierung der nächsten Generation 86
    2.3.1 Interaktive Dashboards 86
    2.3.2 Datenvisualisierung in Echtzeit 87
    2.3.3 Virtuelle Realität (VR) und erweiterte Realität (AR) 87
2.4 Cloud-basierte BI und Datenintegration 87
    2.4.1 Cloud-basierte BI-Plattformen 88

  2.4.2 Datenintegration in der Cloud..88
 2.5 Predictive und Prescriptive Analytics..88
  2.5.1 Predictive Analytics.. 88
  2.5.2 Prescriptive Analytics... 89
 2.6 Data Governance und Sicherheit... 89
  2.6.1 Stärkere Data Governance..89
  2.6.2 Datenschutz und Compliance..90
 Fazit..90
Schlusswort..90
  Der Weg von der Theorie zur Praxis... 91
  Business Intelligence als fortlaufende Entwicklung........................ 91
  Der Wert von Daten in der modernen Wirtschaft............................92
  Herausforderungen und Chancen der Zukunft.............................. 93
  Der Mensch im Zentrum der Business Intelligence....................... 93
  Abschließende Gedanken... 94

Vorwort

In einer Welt, in der Daten den Herzschlag vieler Unternehmen ausmachen, ist es unerlässlich, diese Informationen effektiv zu nutzen, um Wettbewerbsvorteile zu erlangen. Daten haben sich zu einem der wertvollsten Güter in der modernen Wirtschaft entwickelt, und Unternehmen, die die Fähigkeit beherrschen, Daten in verwertbare Erkenntnisse zu verwandeln, können schneller, präziser und erfolgreicher agieren. **Business Intelligence (BI)** bietet genau diese Möglichkeit: Sie befähigt Unternehmen, fundierte Entscheidungen auf Basis von Daten zu treffen und damit strategische wie auch operative Vorteile zu erzielen.

Business Intelligence ist kein Hexenwerk, sondern ein mächtiges Werkzeug, das für jeden zugänglich ist, der bereit ist, sich damit auseinanderzusetzen.

Dieses Buch richtet sich speziell an **Einsteiger** im Bereich BI, Datenanalyse und Reporting. Es soll Ihnen einen klaren, verständlichen und praxisnahen Leitfaden an die Hand geben, um die ersten Schritte in dieser faszinierenden Welt zu machen. Von den Grundlagen der Datenaufbereitung und -visualisierung bis hin zu den entscheidenden Aspekten der Datenintegration und Datenqualität – dieses Buch deckt alle wesentlichen Themen ab, die Sie benötigen, um sich erfolgreich in der Welt der Business Intelligence zu bewegen.

Warum dieses Buch?

Die Reise zur Nutzung von BI beginnt oft mit vielen Fragen: **Wie kann ich Daten effektiv sammeln und aufbereiten? Welche Tools eignen sich für meine Anforderungen? Wie interpretiere ich die Ergebnisse meiner Analysen richtig, um fundierte Entscheidungen zu treffen?** Genau diese Fragen beantwortet dieses Buch auf verständliche und pragmatische Weise. Der Schwerpunkt liegt darauf, Ihnen das notwendige **Grundlagenwissen** zu vermitteln, sodass Sie in der Lage sind, BI-Projekte in Ihrem Unternehmen selbstständig anzugehen.

Die Bedeutung von Daten in der heutigen Geschäftswelt

In den letzten Jahren haben wir eine exponentielle Zunahme der Datenmenge erlebt. Von Social-Media-Aktivitäten über Verkaufszahlen bis hin zu Maschinendaten – das Potenzial, das in diesen Daten steckt, ist enorm. Doch ohne die richtigen Tools und Methoden sind Daten oft nur unstrukturierte Informationen, die nicht genutzt werden können. Hier kommt BI ins Spiel: BI-Tools und -Techniken helfen, diese Daten zu strukturieren, zu analysieren und verständlich darzustellen, sodass die richtigen Entscheidungen zur richtigen Zeit getroffen werden können.

Business Intelligence ist nicht mehr nur ein Trend – es ist eine Notwendigkeit. Unternehmen, die in der Lage sind, ihre Daten effektiv zu nutzen, können:

- **Bessere Entscheidungen** treffen, die auf Fakten und nicht auf Bauchgefühl basieren.
- **Effizienz steigern**, indem sie Trends und Muster in ihren Daten erkennen, die zu Verbesserungen in Prozessen und Abläufen führen.
- **Wettbewerbsvorteile** erlangen, indem sie schneller auf Veränderungen im Markt reagieren und zukünftige Entwicklungen vorhersagen.

Jedes Kapitel enthält konkrete Anleitungen, wie Sie die vorgestellten Konzepte in der Praxis umsetzen können, sodass Sie Ihr Wissen sofort anwenden können. Darüber hinaus bieten wir zahlreiche Tipps und Best Practices, die Ihnen helfen, die häufigsten Fallstricke zu vermeiden und Ihre BI-Initiativen erfolgreich zu starten.

Für wen ist dieses Buch geeignet?

Ob Sie ein kleiner Unternehmer sind, der seine Geschäftsdaten besser verstehen will, ein Analyst, der tiefer in die Welt der BI eintauchen möchte, oder ein Student, der sich auf eine Karriere im Bereich Datenanalyse vorbereitet – dieses Buch wird Ihnen helfen, **eine solide Grundlage** zu legen. Es richtet sich an alle, die sich **für BI interessieren und mehr darüber lernen wollen**, wie sie Daten in wertvolle Erkenntnisse umwandeln können.

Ein Ausblick

Wir leben in einer Zeit, in der Daten immer mehr an Bedeutung gewinnen. Diejenigen, die lernen, mit diesen Daten zu arbeiten, werden in der Lage sein, ihre Unternehmen in eine erfolgreiche, datengetriebene Zukunft zu führen. Dieses Buch soll Ihnen helfen, die ersten Schritte auf diesem Weg zu gehen. Mit den hier vermittelten Grundlagen sind Sie in der Lage, **Business Intelligence erfolgreich** in Ihrem eigenen Umfeld anzuwenden und zu einem wertvollen Bestandteil der datengetriebenen Geschäftswelt zu werden.

Kapitel 1: Einführung in Business Intelligence

1.1 Die Rolle von BI im Unternehmen

Was ist Business Intelligence (BI)?

Business Intelligence, oft abgekürzt als BI, umfasst eine Vielzahl von Prozessen, Technologien und Anwendungen, die dazu genutzt werden, um Rohdaten in aussagekräftige Informationen zu verwandeln. Diese Informationen sollen es Unternehmen ermöglichen, fundierte Geschäftsentscheidungen zu treffen. BI hilft dabei, historische, aktuelle und zukünftige Geschäftsdaten zu analysieren, um Trends zu erkennen und Strategien zu optimieren.

BI ist heute eine unverzichtbare Komponente in der modernen Geschäftswelt. Unternehmen, die auf datenbasierte Entscheidungsfindung setzen, sind besser in der Lage, Chancen zu nutzen und Risiken zu minimieren. Sie können effizienter arbeiten, schneller auf Marktveränderungen reagieren und ihre Kunden besser verstehen.

Warum BI in der heutigen Geschäftswelt unverzichtbar ist

Im digitalen Zeitalter wachsen die Datenmengen in Unternehmen exponentiell. Um wettbewerbsfähig zu bleiben, müssen Unternehmen diese Daten effektiv nutzen. Traditionelle Methoden der Datenverarbeitung und -analyse stoßen hier schnell an ihre Grenzen, da sie oft zu langsam, zu ungenau oder zu ineffizient sind.

BI hilft, diese Herausforderungen zu bewältigen, indem es moderne Analysetools und -methoden bereitstellt.

Ein wichtiger Vorteil von BI ist die Möglichkeit, Daten aus verschiedenen Quellen zu integrieren. Dadurch können Unternehmen ein ganzheitliches Bild ihrer Prozesse, Kunden und Märkte erhalten. Unternehmen, die BI einsetzen, können schneller auf Veränderungen reagieren, fundierte Entscheidungen treffen und ihre Effizienz steigern.

Ziele und Nutzen von BI

BI verfolgt mehrere Ziele, die sich alle auf die Verbesserung der Entscheidungsfindung und der Unternehmensleistung konzentrieren. Einige der Hauptziele sind:

- **Verbesserung der Entscheidungsfindung:** BI ermöglicht es, auf Grundlage von Daten anstatt von Vermutungen oder Intuition Entscheidungen zu treffen.
- **Erhöhung der Effizienz:** Durch die Automatisierung von Berichten und Analysen können Unternehmen Zeit und Ressourcen sparen.
- **Erhöhung der Transparenz:** BI liefert umfassende Einblicke in Unternehmensprozesse und -leistungen.
- **Vorausschauende Analysen:** Durch den Einsatz von prädiktiven Analysemodellen können Unternehmen zukünftige Trends und Ereignisse prognostizieren.

Wichtige Akteure im BI-Prozess: IT, Analysten, Endnutzer

Die Implementierung und Nutzung von BI-Systemen erfordert die Zusammenarbeit mehrerer Gruppen innerhalb eines Unternehmens. Die wichtigsten Akteure sind:

- **IT-Abteilung:** Sie ist für die technische Implementierung und Wartung des BI-Systems verantwortlich. Dazu gehört die Integration der Datenquellen, die Bereitstellung von Servern und die Sicherstellung der Systemverfügbarkeit.
- **Datenanalysten:** Analysten spielen eine zentrale Rolle, da sie die Daten analysieren und daraus Berichte und Dashboards erstellen. Sie verstehen sowohl die technischen Aspekte als auch die geschäftlichen Anforderungen.
- **Endnutzer:** Dies sind die Führungskräfte und Mitarbeiter, die die BI-Tools nutzen, um Einblicke zu gewinnen und Entscheidungen zu treffen. Eine einfache und intuitive Benutzeroberfläche ist entscheidend, damit auch nicht-technische Nutzer von BI profitieren können.

1.2 Die Bestandteile eines BI-Systems

Ein effektives BI-System besteht aus mehreren Komponenten, die zusammenarbeiten, um Daten zu sammeln, zu verarbeiten und zu analysieren. Diese Komponenten können in drei Hauptbereiche unterteilt werden: **Datenquellen**, **ETL-Prozesse** und **Analysewerkzeuge**.

Datenquellen und Datenbanken

Datenquellen sind die Orte, an denen die Rohdaten des Unternehmens gespeichert sind. Dies können relationale Datenbanken, NoSQL-Datenbanken, Cloud-Dienste, Excel-Dateien, CRM-Systeme oder ERP-Systeme sein. Ein BI-System muss in der Lage sein, diese verschiedenen Datenquellen zu verbinden und Daten daraus zu extrahieren.

Die häufigsten Datenbanken in BI-Systemen sind relationale Datenbanken, die auf SQL basieren. Diese bieten eine strukturierte Art der Datenspeicherung und sind weit verbreitet. NoSQL-Datenbanken gewinnen jedoch zunehmend an Bedeutung, da sie unstrukturierte Daten wie Textdokumente, Bilder und Videos speichern können.

ETL-Prozesse (Extract, Transform, Load)

ETL-Prozesse sind entscheidend für den Erfolg eines BI-Systems. Sie bestehen aus drei Schritten:

- **Extract (Extrahieren):** In diesem Schritt werden die Daten aus den verschiedenen Datenquellen entnommen.
- **Transform (Transformieren):** Die Daten werden in ein einheitliches Format gebracht und bereinigt, um Inkonsistenzen zu beseitigen.
- **Load (Laden):** Schließlich werden die bereinigten Daten in das Data Warehouse oder eine andere zentrale Datenbank geladen, wo sie für die Analyse bereitstehen.

Ein gut durchgeführter ETL-Prozess stellt sicher, dass die Daten in hoher Qualität und rechtzeitig für die Analyse zur Verfügung stehen.

Data Warehousing

Ein Data Warehouse ist eine zentrale Datenbank, die speziell für BI-Zwecke entwickelt wurde. Es speichert große Mengen an historischen und aktuellen Daten aus verschiedenen Quellen und macht diese für die Analyse zugänglich. Im Gegensatz zu operativen Datenbanken, die auf Geschwindigkeit und Effizienz bei der Transaktionsverarbeitung ausgelegt sind, zielt ein Data Warehouse auf die langfristige Speicherung und Analyse von Daten ab.

Analysewerkzeuge und Dashboards

Analysewerkzeuge und Dashboards sind die Endprodukte eines BI-Systems, die den Nutzern helfen, Entscheidungen zu treffen. Diese Tools bieten intuitive Möglichkeiten, Daten zu visualisieren und Berichte zu erstellen, ohne dass tiefgehende technische Kenntnisse erforderlich sind. Führende BI-Tools wie **Power BI**, **Tableau** oder **QlikView** bieten zahlreiche Visualisierungsoptionen wie Diagramme, Grafiken und interaktive Dashboards.

1.3 BI als Entscheidungswerkzeug

Ein zentraler Aspekt von BI ist die Unterstützung der Entscheidungsfindung. BI liefert nicht nur Zahlen und Daten, sondern hilft auch dabei, diese in einem sinnvollen Kontext zu interpretieren. Unternehmen können mit Hilfe von BI:

- **Trends und Muster erkennen:** Mit BI lassen sich historische Daten analysieren, um Trends und Muster zu erkennen, die bei zukünftigen Entscheidungen helfen.
- **Performance messen:** BI-Systeme ermöglichen die Messung der Unternehmensleistung anhand von KPIs (Key Performance Indicators).
- **Zukunft vorhersagen:** Mit prädiktiven Analysen können Unternehmen zukünftige Ereignisse wie Marktentwicklungen oder Kundenverhalten prognostizieren.

Beispiele aus der Praxis: BI in verschiedenen Branchen

BI findet in nahezu allen Branchen Anwendung. Hier einige Beispiele:

- **Einzelhandel:** BI wird eingesetzt, um das Kaufverhalten von Kunden zu analysieren und personalisierte Marketingkampagnen zu entwickeln.
- **Finanzdienstleistungen:** Banken und Versicherungen nutzen BI, um Risiken zu bewerten und die Einhaltung gesetzlicher Vorschriften zu gewährleisten.
- **Fertigung:** Produktionsunternehmen verwenden BI, um ihre Lieferketten zu optimieren und die Produktionseffizienz zu steigern.

Kapitel 2: Daten und Datenquellen

2.1 Arten von Daten

Daten als Grundlage der Business Intelligence

Daten sind der Rohstoff, auf dem jedes BI-System aufbaut. Ohne qualitativ hochwertige und relevante Daten ist Business Intelligence nicht möglich. Die Art der Daten, die ein Unternehmen sammelt und nutzt, bestimmt, wie aussagekräftig die Analysen und Berichte sind, die letztlich erstellt werden. Es ist daher wichtig, die verschiedenen Arten von Daten zu verstehen, die in BI-Systemen verwendet werden können.

Strukturierte vs. unstrukturierte Daten

Eine grundlegende Unterscheidung bei Daten ist die zwischen **strukturierten** und **unstrukturierten Daten**.

- **Strukturierte Daten** sind in einem klar definierten Format organisiert, oft in Tabellen oder Datenbanken. Sie bestehen aus Zeilen und Spalten, die leicht von BI-Systemen verarbeitet und analysiert werden können. Beispiele für strukturierte Daten sind Transaktionsdaten, Kundendaten oder Produktinformationen, die in relationalen Datenbanken gespeichert sind.
- **Unstrukturierte Daten** hingegen haben kein festes Format und sind schwerer zu analysieren. Beispiele sind E-Mails, Social Media Posts, Bilder, Videos oder Textdokumente. Diese Datenquellen enthalten oft wertvolle Informationen, sind aber komplexer in der Analyse. Mit modernen BI-Tools und Technologien wie Big Data und maschinellem Lernen wird es jedoch zunehmend einfacher, unstrukturierte Daten zu nutzen.

Halbstrukturierte Daten sind ein Zwischenschritt zwischen strukturierten und unstrukturierten Daten. Sie enthalten teilweise definierte Strukturen, wie zum Beispiel JSON- oder XML-Dateien, die in vielen Anwendungen genutzt werden.

Interne vs. externe Datenquellen

Eine weitere Unterscheidung wird zwischen **internen** und **externen Datenquellen** gemacht.

- **Interne Datenquellen** stammen aus den betrieblichen Systemen eines Unternehmens. Sie umfassen Transaktionsdaten, Produktionszahlen, Verkaufsberichte, Kundendaten oder Mitarbeiterinformationen. Diese Daten sind oft leicht zugänglich und werden regelmäßig genutzt.
- **Externe Datenquellen** stammen außerhalb des Unternehmens und können ebenfalls wertvolle Informationen

liefern. Dazu gehören Marktdaten, Social Media Insights, branchenspezifische Berichte oder öffentlich zugängliche Daten von Regierungsbehörden. Durch die Kombination interner und externer Daten können Unternehmen umfassendere Einblicke gewinnen.

2.2 Erfassung und Speicherung von Daten

Die Bedeutung der Datenquellen für BI

Datenquellen sind der Ausgangspunkt jedes BI-Prozesses. Sie liefern die Informationen, die für die Analyse, das Reporting und die Entscheidungsfindung benötigt werden. Je vielfältiger und umfangreicher die Datenquellen sind, desto umfassender sind die möglichen Einblicke, die ein BI-System bieten kann. Es ist jedoch wichtig, dass die Daten korrekt erfasst und effizient gespeichert werden, um einen optimalen Nutzen daraus zu ziehen.

Datenbanken: relationale vs. NoSQL-Datenbanken

Die meisten Unternehmen speichern ihre strukturierten Daten in **relationalen Datenbanken**. Diese basieren auf dem Structured Query Language (SQL)-Modell, das Tabellen mit klaren Beziehungen zwischen den Datensätzen verwendet. Relationale Datenbanken sind ideal für BI, da sie schnelle und effiziente Abfragen von großen Datenmengen ermöglichen.

Beispiele für relationale Datenbanken:

- Microsoft SQL Server
- MySQL
- PostgreSQL
- Oracle Database

Mit dem Anstieg unstrukturierter Daten ist jedoch auch der Einsatz von **NoSQL-Datenbanken** gewachsen. Diese Datenbanken sind flexibler und können unstrukturierte Daten wie Dokumente, Bilder oder Social Media Posts verarbeiten.

Beispiele für NoSQL-Datenbanken:

- MongoDB
- Cassandra
- Elasticsearch

Unternehmen müssen entscheiden, welche Art von Datenbank für ihre BI-Anforderungen am besten geeignet ist, basierend auf den Datentypen und der Geschwindigkeit, mit der sie auf diese Daten zugreifen müssen.

Data Lakes und Data Warehouses: Unterschiede und Einsatzgebiete

Ein weiteres zentrales Konzept im Bereich der Datenspeicherung ist die Unterscheidung zwischen **Data Warehouses** und **Data Lakes**.

- **Data Warehouse:** Ein Data Warehouse speichert strukturierte, gereinigte und organisierte Daten, die speziell für die Berichterstellung und Analyse vorgesehen sind. Es ist ideal für BI-Anwendungen, da es eine einheitliche Datenstruktur bietet und Abfragen effizient durchgeführt werden können.
- **Data Lake:** Im Gegensatz dazu speichert ein Data Lake sowohl strukturierte als auch unstrukturierte Daten in ihrem Rohzustand. Unternehmen nutzen Data Lakes, um große Mengen an unterschiedlichen Daten zu speichern, die zu

einem späteren Zeitpunkt verarbeitet oder analysiert werden können.

Wichtige Unterschiede:

- Ein Data Warehouse ist für strukturierte Daten und schnelle Abfragen optimiert.
- Ein Data Lake ist flexibler und speichert Rohdaten für zukünftige Analysen.

Unternehmen kombinieren häufig beide Ansätze, um sowohl kurzfristige als auch langfristige Analysebedarfe zu decken.

2.3 Datenqualität

Warum ist Datenqualität wichtig?

Die Qualität der Daten ist ein entscheidender Faktor für den Erfolg jedes BI-Projekts. Nur qualitativ hochwertige Daten ermöglichen zuverlässige Analysen und fundierte Entscheidungen. Fehlerhafte oder unvollständige Daten führen zu falschen Schlussfolgerungen und können letztlich zu schlechten Geschäftsentscheidungen führen.

Es gibt mehrere Dimensionen der Datenqualität, die sicherstellen, dass die Daten den Anforderungen eines BI-Systems gerecht werden:

- **Korrektheit:** Die Daten müssen präzise und frei von Fehlern sein.
- **Vollständigkeit:** Alle relevanten Daten müssen vorhanden sein, und es dürfen keine wichtigen Informationen fehlen.

- **Konsistenz:** Die Daten müssen in allen Quellen und Systemen übereinstimmen und dürfen keine Widersprüche enthalten.
- **Aktualität:** Daten müssen zeitnah erfasst und verarbeitet werden, damit sie für aktuelle Analysen relevant sind.
- **Zugänglichkeit:** Daten müssen für die richtigen Personen und Systeme leicht verfügbar sein.

Datenbereinigung als Schlüssel zur Qualität

Um die Datenqualität sicherzustellen, muss ein Unternehmen Prozesse zur **Datenbereinigung** einführen. Dieser Prozess entfernt Duplikate, korrigiert fehlerhafte Daten und sorgt dafür, dass die Daten in einem einheitlichen Format vorliegen. Oft wird die Datenbereinigung als Teil des ETL-Prozesses durchgeführt (siehe Kapitel 1).

Methoden zur Sicherstellung der Datenqualität

Es gibt verschiedene Methoden, um die Qualität der Daten kontinuierlich zu überwachen und sicherzustellen. Dazu gehören:

- **Automatisierte Prüfungen:** Softwarelösungen können Daten in Echtzeit überprüfen und auf Inkonsistenzen oder Fehler hinweisen.
- **Manuelle Überprüfungen:** Datenanalysten und Fachleute sollten regelmäßig stichprobenartige Überprüfungen der Daten durchführen, um Probleme frühzeitig zu erkennen.
- **Feedback-Schleifen:** Endnutzer, die Berichte und Dashboards nutzen, sollten in der Lage sein, Fehler in den zugrunde liegenden Daten zu melden, um die Qualität langfristig zu verbessern.

2.4 Datenintegration für Business Intelligence

Die **Datenintegration** ist der Prozess, bei dem verschiedene Datenquellen zusammengeführt werden, um eine umfassende Sicht auf die Geschäftsdaten zu ermöglichen. Dies ist eine der wichtigsten Herausforderungen in jedem BI-System, da Daten oft in verschiedenen Formaten und in unterschiedlichen Systemen gespeichert sind.

Herausforderungen der Datenintegration:

- **Unterschiedliche Datenformate:** Daten aus CRM-Systemen, ERP-Systemen, externen Quellen oder Produktionssystemen müssen in ein einheitliches Format gebracht werden.
- **Heterogene IT-Landschaft:** Viele Unternehmen haben eine Vielzahl von Systemen, die isoliert voneinander betrieben werden. Es ist eine Herausforderung, diese Systeme nahtlos zu integrieren.
- **Datensilos:** Oft sind wichtige Daten in spezifischen Abteilungen oder Systemen eingeschlossen und schwer zugänglich für andere Teile des Unternehmens.

Lösungen für die Datenintegration:

- **ETL-Prozesse:** Diese automatisierten Prozesse extrahieren Daten aus verschiedenen Quellen, transformieren sie in ein gemeinsames Format und laden sie in ein zentrales Data Warehouse oder Data Lake.
- **API-basierte Integration:** Moderne BI-Systeme nutzen APIs (Application Programming Interfaces), um Daten in Echtzeit aus verschiedenen Systemen abzurufen und zu integrieren.

Kapitel 3: Datenanalyse: Prozesse, Methoden und Werkzeuge

3.1 Was ist Datenanalyse?

Die Bedeutung der Datenanalyse in Business Intelligence

Die Datenanalyse ist das Herzstück jeder BI-Initiative. Während die Datenerfassung und -speicherung eine solide Grundlage bilden, ermöglicht es die Datenanalyse, wertvolle Erkenntnisse zu gewinnen und diese für strategische Entscheidungen zu nutzen. Die Analyseprozesse transformieren Rohdaten in Informationen, die Unternehmen dabei helfen, ihre Geschäftsvorgänge zu optimieren, Risiken zu minimieren und Chancen zu identifizieren.

Die Hauptaufgabe der Datenanalyse besteht darin, aus riesigen Datenmengen Muster, Trends und Zusammenhänge zu extrahieren, die ansonsten verborgen bleiben würden. Dies umfasst nicht nur historische Datenanalysen, sondern auch prädiktive und prädiktive Analysen, die zukünftige Ereignisse und Verhaltensweisen prognostizieren.

Von der deskriptiven zur prädiktiven Analyse: Ein Überblick

Die Datenanalyse in BI kann in verschiedene Typen unterteilt werden, die unterschiedliche Fragen beantworten:

- **Deskriptive Analyse:** Beantwortet die Frage „Was ist passiert?" Sie analysiert historische Daten, um vergangene Ereignisse zu verstehen. Beispiel: „Wie haben sich die Umsätze in den letzten 12 Monaten entwickelt?"

- **Diagnostische Analyse:** Beantwortet die Frage „Warum ist das passiert?" Sie untersucht die Ursachen von Ereignissen oder Anomalien, die in den Daten erkannt wurden. Beispiel: „Warum gab es im letzten Quartal einen Umsatzrückgang?"
- **Prädiktive Analyse:** Beantwortet die Frage „Was könnte passieren?" Sie verwendet historische Daten und statistische Modelle, um zukünftige Trends vorherzusagen. Beispiel: „Wie werden sich die Verkaufszahlen in den nächsten sechs Monaten entwickeln?"
- **Präskriptive Analyse:** Beantwortet die Frage „Was sollten wir tun?" Sie schlägt Handlungsalternativen auf Basis der Analysen vor. Beispiel: „Welche Marketingstrategie sollten wir anwenden, um den Umsatz zu steigern?"

Durch den Einsatz dieser verschiedenen Analyseformen können Unternehmen nicht nur ihre gegenwärtige Situation verstehen, sondern auch proaktiv Maßnahmen ergreifen, um ihre Ziele zu erreichen.

3.2 Der Datenanalyseprozess: Schritt für Schritt

Der Lebenszyklus einer Datenanalyse

Datenanalyse ist kein einmaliger Vorgang, sondern ein kontinuierlicher Prozess, der mehrere Phasen durchläuft. Der typische Ablauf einer BI-Datenanalyse umfasst die folgenden Schritte:

1. **Zieldefinition:** Bevor mit der Analyse begonnen wird, müssen die Ziele klar definiert werden. Was soll die Analyse beantworten? Welche Geschäftsprobleme sollen gelöst

werden? Die Zielsetzung bestimmt die Methodik und die Werkzeuge, die verwendet werden.
2. **Datensammlung:** In dieser Phase werden die benötigten Daten aus den verschiedenen Quellen gesammelt. Dies können interne Daten (z.B. Verkaufszahlen, Kundenfeedback) oder externe Daten (z.B. Markttrends, Wettbewerbsanalysen) sein. Hierbei ist sicherzustellen, dass alle relevanten Datenquellen einbezogen werden.
3. **Datenbereinigung:** Bevor die Analyse durchgeführt werden kann, müssen die Daten bereinigt werden. Datenbereinigung umfasst die Entfernung von Duplikaten, die Korrektur von Fehlern, das Schließen von Lücken (fehlende Werte) und die Vereinheitlichung von Datenformaten.
4. **Datenmodellierung:** In dieser Phase werden die bereinigten Daten in einem strukturierten Format organisiert. Abhängig von der Analyseart kann dies die Erstellung von relationalen Modellen, OLAP-Würfeln oder Data-Mining-Modellen beinhalten.
5. **Datenanalyse:** Hier werden die Daten mithilfe von statistischen oder maschinellen Lernverfahren analysiert. Die Wahl der Methoden hängt von den Zielen der Analyse ab. Häufig verwendete Methoden sind Regressionsanalysen, Clusteranalysen und Zeitreihenanalysen.
6. **Ergebnisinterpretation:** Die gewonnenen Ergebnisse müssen nun interpretiert werden. Dies bedeutet, dass die Muster und Trends in einen geschäftlichen Kontext gesetzt werden, um wertvolle Einsichten zu gewinnen. Hierbei ist es wichtig, die Ergebnisse mit den ursprünglichen Zielen abzugleichen.
7. **Präsentation der Ergebnisse:** Abschließend werden die Ergebnisse der Analyse in verständlicher Form präsentiert. Dies erfolgt häufig über Dashboards, Berichte oder

Präsentationen, die speziell für die Zielgruppe (z.B. Führungskräfte oder operative Teams) aufbereitet werden.

3.3 Methoden der Datenanalyse

Es gibt eine Vielzahl von Analysemethoden, die je nach Anwendungsfall und Datenart eingesetzt werden können. Im Folgenden werden die wichtigsten Methoden der BI-Datenanalyse vorgestellt:

1. Statistische Analysen

Statistische Analysen sind der Grundbaustein der meisten Datenanalysen. Sie dienen dazu, zentrale Tendenzen (z.B. Durchschnittswerte) und Streuungen (z.B. Varianz) innerhalb der Daten zu identifizieren. Zu den häufigsten statistischen Methoden gehören:

- **Deskriptive Statistik:** Sie fasst die Daten in Form von Kennzahlen zusammen (z.B. Mittelwert, Median, Standardabweichung), um einen ersten Überblick zu geben.
- **Inferenzstatistik:** Sie nutzt Stichproben, um Rückschlüsse auf größere Populationen zu ziehen. Beispiel: Wenn aus einer Stichprobe das Kaufverhalten von 1000 Kunden analysiert wird, lässt sich darauf eine Prognose für das gesamte Kundenverhalten ableiten.

2. Zeitreihenanalyse

Eine Zeitreihenanalyse untersucht Daten, die über einen bestimmten Zeitraum hinweg gesammelt wurden. Sie wird häufig verwendet, um saisonale Trends oder langfristige Muster zu identifizieren. Unternehmen nutzen die Zeitreihenanalyse, um beispielsweise Verkaufsschwankungen vorherzusagen oder Nachfragezyklen zu verstehen.

3. Data Mining

Data Mining ist der Prozess, in dem Muster und Zusammenhänge in großen Datenmengen erkannt werden. Es nutzt Algorithmen und statistische Modelle, um Muster zu entdecken, die vorher nicht offensichtlich waren. Zu den häufig verwendeten Data-Mining-Methoden gehören:

- **Assoziationsanalyse:** Findet Zusammenhänge zwischen verschiedenen Variablen in den Daten. Beispiel: Kunden, die Produkt A kaufen, neigen auch dazu, Produkt B zu kaufen.
- **Clusteranalyse:** Gruppiert ähnliche Datensätze basierend auf gemeinsamen Eigenschaften. Diese Methode wird häufig verwendet, um Kundensegmente zu identifizieren.
- **Klassifikation:** Ordnet Datenkategorien zu. Zum Beispiel könnte ein Modell verwendet werden, um Kunden in "zufriedene" und "unzufriedene" Gruppen einzuteilen.

4. Machine Learning (maschinelles Lernen)

Maschinelles Lernen ist eine fortgeschrittene Analysemethode, die es Systemen ermöglicht, aus Daten zu lernen und Vorhersagen zu treffen. ML-Modelle können Muster in Daten erkennen, die für den Menschen nicht unmittelbar erkennbar sind. Es gibt verschiedene Ansätze im maschinellen Lernen:

- **Überwachtes Lernen:** Das Modell lernt anhand von „beschrifteten" Daten, also Daten, bei denen die Ergebnisse bereits bekannt sind. Ein Beispiel wäre ein Modell, das auf

Basis historischer Verkaufsdaten zukünftige Umsätze prognostiziert.
- **Unüberwachtes Lernen:** Hier werden keine vordefinierten Labels verwendet, und das Modell versucht, selbständig Muster oder Gruppen in den Daten zu finden. Dies wird oft für die Segmentierung von Kunden oder Produkten verwendet.
- **Reinforcement Learning (verstärkendes Lernen):** Bei diesem Ansatz lernt das Modell durch Rückmeldung, indem es Handlungen durchführt und dafür Belohnungen oder Strafen erhält.

3.4 Werkzeuge für die Datenanalyse

Es gibt eine Vielzahl von Softwarelösungen, die Unternehmen für die Datenanalyse verwenden können. Je nach Unternehmensgröße, -bedarf und Budget können verschiedene Tools zum Einsatz kommen. Hier sind einige der gängigsten Werkzeuge:

1. Microsoft Power BI

Microsoft Power BI ist eines der am häufigsten verwendeten BI-Tools. Es bietet eine benutzerfreundliche Oberfläche und ermöglicht die Erstellung von interaktiven Dashboards und Berichten. Power BI lässt sich nahtlos in die Office-365-Umgebung integrieren und ist ideal für Unternehmen, die schnell und einfach Analysefunktionen benötigen.

2. Tableau

Tableau ist bekannt für seine starke Visualisierungsleistung. Es bietet eine Vielzahl von Diagrammen, Grafiken und interaktiven

Dashboards, die es Analysten ermöglichen, komplexe Daten leicht verständlich zu präsentieren. Tableau unterstützt sowohl einfache als auch fortgeschrittene Datenanalysen und wird in vielen großen Unternehmen eingesetzt.

3. QlikView / Qlik Sense

Qlik bietet zwei BI-Lösungen: QlikView und Qlik Sense. Beide Tools sind bekannt für ihre starke Assoziationsanalyse und ermöglichen es Nutzern, tief in die Daten einzutauchen. QlikView bietet eine eher technische Oberfläche, während Qlik Sense stärker auf Benutzerfreundlichkeit und Self-Service-BI ausgerichtet ist.

4. Apache Hadoop und Spark

Für Unternehmen, die mit großen Datenmengen (Big Data) arbeiten, sind Tools wie Apache Hadoop und Apache Spark unverzichtbar. Hadoop ist ein Framework zur verteilten Speicherung und Verarbeitung von großen Datenmengen, während Spark eine schnelle und effiziente Engine für datenintensive Anwendungen bietet.

5. R und Python

Für fortgeschrittene Datenanalysen und maschinelles Lernen sind Programmiersprachen wie **R** und **Python** weit verbreitet. Beide Sprachen bieten eine Vielzahl von Bibliotheken für statistische Analysen, maschinelles Lernen und Datenvisualisierung (z.B. Pandas, NumPy, Matplotlib für Python).

3.5 Herausforderungen und Best Practices der Datenanalyse

Herausforderungen in der Praxis

Die Durchführung einer Datenanalyse bringt oft Herausforderungen mit sich:

- **Datenqualität:** Unvollständige oder fehlerhafte Daten können zu falschen Analysen führen.
- **Datenvolumen:** Die Bewältigung und Analyse großer Datenmengen kann eine Herausforderung darstellen, insbesondere wenn Unternehmen mit Big Data arbeiten.
- **Datenverständnis:** Die Daten müssen nicht nur technisch verarbeitet, sondern auch richtig interpretiert werden, um sinnvolle Schlussfolgerungen zu ziehen.

Best Practices für erfolgreiche Datenanalysen

Um eine erfolgreiche Datenanalyse sicherzustellen, sollten Unternehmen folgende Best Practices befolgen:

- **Klare Zielsetzung:** Die Analyse sollte immer auf klar definierten Zielen basieren.
- **Datenqualität sicherstellen:** Daten müssen vor der Analyse sorgfältig bereinigt werden.
- **Die richtigen Werkzeuge wählen:** Unternehmen sollten die Analysewerkzeuge verwenden, die am besten zu ihren Daten und Zielen passen.
- **Ergebnisse verständlich präsentieren:** Analysen sollten so aufbereitet werden, dass Entscheidungsträger die Ergebnisse leicht verstehen und darauf basierend handeln können.

Kapitel 4: Reporting und Visualisierung: Der Schlüssel zur effektiven Kommunikation von Daten

4.1 Bedeutung von Reporting und Visualisierung in Business Intelligence

Warum Reporting und Visualisierung so wichtig sind

In der modernen Geschäftswelt werden Unmengen an Daten generiert, die Unternehmen nutzen müssen, um fundierte Entscheidungen zu treffen. Die Herausforderung besteht jedoch darin, diese Daten in eine Form zu bringen, die schnell und einfach zu verstehen ist. Genau hier kommen Reporting und Datenvisualisierung ins Spiel. Sie ermöglichen es, komplexe Datenmengen in übersichtliche Berichte und visuelle Darstellungen zu transformieren, sodass Entscheidungsträger sofort auf relevante Informationen zugreifen können.

Während die Analyse von Daten tiefere Einblicke und detaillierte Zusammenhänge bietet, dient das Reporting dazu, die Ergebnisse der Analyse in einer verständlichen und handlungsorientierten Form zu präsentieren. Visualisierungen verstärken diese Wirkung, indem sie Informationen visuell ansprechend und intuitiv begreifbar machen. Dies beschleunigt nicht nur den Entscheidungsprozess, sondern fördert auch ein besseres Verständnis der zugrunde liegenden Daten.

Der Unterschied zwischen Berichten und Dashboards

Es ist wichtig, zwischen Berichten und Dashboards zu unterscheiden, da sie unterschiedliche Zwecke erfüllen:

- **Berichte**: Traditionellere Form der Ergebnispräsentation, oft in Form von Text, Tabellen und statischen Grafiken. Berichte sind in der Regel detailliert und enthalten vollständige Informationen zu einem bestimmten Thema oder einer Analyse. Sie werden oft in regelmäßigen Abständen erstellt und verbreitet, beispielsweise als Monats- oder Quartalsberichte.
- **Dashboards**: Dashboards sind interaktive, visuelle Darstellungen von Daten, die es ermöglichen, auf einen Blick den Zustand bestimmter Key Performance Indicators (KPIs) oder anderer relevanter Kennzahlen zu erfassen. Sie sind oft dynamisch und ermöglichen Nutzern, in Echtzeit verschiedene Filter anzuwenden, um unterschiedliche Aspekte der Daten zu betrachten.

Beide Formen haben ihre Berechtigung und sollten in einer BI-Umgebung sinnvoll eingesetzt werden, je nach Zielgruppe und Informationsbedarf.

4.2 Der Prozess der Berichtserstellung

Schritt 1: Zielgruppenanalyse

Bevor ein Bericht oder ein Dashboard erstellt wird, muss klar definiert sein, wer die Zielgruppe ist und welche Informationen sie benötigt. Unterschiedliche Gruppen innerhalb eines Unternehmens benötigen unterschiedliche Arten von Informationen:

- Geschäftsführung: Sie interessieren sich für strategische Kennzahlen, wie Umsatzentwicklung, Marktanteile oder langfristige Prognosen. Die Informationen müssen kurz, prägnant und handlungsorientiert sein.
- Abteilungsleiter: Diese Gruppe benötigt detailliertere Daten, die ihnen helfen, operative Entscheidungen zu treffen. Sie möchten z.B. wissen, wie sich einzelne Produktkategorien oder Regionen entwickeln, um gezielte Maßnahmen ableiten zu können.
- Analysten: Analysten sind oft an den Rohdaten und deren detaillierten Zusammenhängen interessiert. Sie bevorzugen Berichte, die tiefere Einblicke in die Daten geben und detaillierte Abfragen oder Drilldowns ermöglichen.

Schritt 2: Festlegung der Key Performance Indicators (KPIs)

Nachdem die Zielgruppe definiert ist, müssen die relevanten Kennzahlen (KPIs) festgelegt werden. KPIs sind spezifische, messbare Werte, die den Erfolg oder Misserfolg eines Unternehmens oder einer Abteilung in Bezug auf ihre Ziele widerspiegeln. Beispiele für KPIs sind:

- Umsatzwachstum im Vergleich zum Vorjahr
- Kundenzufriedenheitswerte
- Lagerumschlagshäufigkeit
- Durchschnittliche Bearbeitungszeit von Support-Anfragen

Die Auswahl der KPIs sollte direkt mit den Zielen der jeweiligen Abteilung oder des Unternehmens verknüpft sein. Ein Verständnis der Zielsetzungen ist hierbei entscheidend, um sicherzustellen, dass die Berichte und Dashboards die richtigen Fragen beantworten.

Schritt 3: Datenquelle und Datenintegration

Bevor die Berichterstellung beginnt, müssen die richtigen Datenquellen identifiziert und integriert werden. Dies kann interne Daten aus ERP-, CRM- oder HR-Systemen sowie externe Datenquellen wie Marktforschung oder öffentlich zugängliche Daten umfassen. Der ETL-Prozess (Extraktion, Transformation, Laden) ist hierbei ein wichtiger Schritt, um die Daten aus unterschiedlichen Quellen zu konsolidieren und in ein einheitliches Format zu bringen.

- Extraktion: Die relevanten Daten werden aus verschiedenen Systemen extrahiert.
- Transformation: Die Daten werden in das benötigte Format gebracht, beispielsweise durch Bereinigung, Aggregation oder Anreicherung.
- Laden: Die transformierten Daten werden in ein zentrales Data Warehouse oder eine Datenbank geladen, um für die Berichterstellung bereit zu stehen.

Schritt 4: Auswahl der richtigen Visualisierungen

Die Auswahl der geeigneten Visualisierungsmethoden hängt stark von den Daten und den Informationen ab, die vermittelt werden sollen. Es gibt eine Vielzahl von Diagrammen und Grafiken, die je nach Anwendungsfall unterschiedliche Stärken haben:

- Balkendiagramme und Säulendiagramme: Gut geeignet, um Vergleiche zwischen verschiedenen Kategorien oder Zeiträumen darzustellen. Beispiel: Vergleich des Umsatzes pro Produktkategorie im letzten Quartal.
- Liniendiagramme: Ideal für die Darstellung von Zeitreihen und Trends über längere Zeiträume. Beispiel: Entwicklung

der Besucherzahlen auf einer Website über die letzten 12 Monate.
- Kreisdiagramme: Zeigen Anteile eines Ganzen, sind jedoch oft weniger informativ als andere Diagrammtypen. Beispiel: Anteil der verschiedenen Vertriebskanäle am Gesamtumsatz.
- Heatmaps und Karten: Diese sind nützlich, um räumliche Daten darzustellen oder Muster in großen Datenmengen zu visualisieren. Beispiel: Verteilung von Kunden nach geografischen Regionen.
- Blasendiagramme: Kombinieren mehrere Dimensionen in einer einzigen Grafik, indem sie Datenpunkte auf einer zweidimensionalen Achse und gleichzeitig durch die Größe der Blase visualisieren.

Best Practice: Weniger ist oft mehr. Zu viele Details oder zu komplexe Grafiken können den Fokus der Betrachter zerstreuen und die Aussagekraft mindern. Es ist wichtig, die Visualisierungen einfach und klar zu gestalten und nur die Informationen zu zeigen, die für die Zielgruppe relevant sind.

Schritt 5: Erstellung des Berichts oder Dashboards

Nachdem die Visualisierungen ausgewählt wurden, beginnt die eigentliche Berichterstellung. Hierbei ist es wichtig, dass die Daten verständlich und ansprechend dargestellt werden. Dabei sollten folgende Aspekte berücksichtigt werden:

Übersichtlichkeit und Struktur: Der Bericht sollte gut gegliedert sein, mit klaren Abschnitten und logischen Übergängen zwischen den verschiedenen Themenbereichen.

- Design: Ein ansprechendes und konsistentes Design fördert die Lesbarkeit und verbessert das Verständnis der Daten.

Farben sollten sparsam eingesetzt werden, um die Aufmerksamkeit auf die wichtigsten Informationen zu lenken.
- Interaktivität (bei Dashboards): Dashboards sollten interaktiv sein, um den Nutzern die Möglichkeit zu geben, verschiedene Filter und Ansichten anzuwenden. Dies ermöglicht tiefere Einblicke und individuell angepasste Auswertungen.

Schritt 6: Verteilung und Interpretation

Sobald der Bericht oder das Dashboard fertiggestellt ist, muss es an die entsprechenden Stakeholder verteilt werden. Dies kann über verschiedene Kanäle geschehen:

- Manuelle Verteilung: Der Bericht wird als PDF oder Excel-Dokument verschickt, oft an feste Verteilerlisten.
- Automatisierte Berichterstellung: Moderne BI-Tools ermöglichen es, Berichte automatisiert zu erstellen und regelmäßig (z.B. monatlich oder wöchentlich) zu versenden.
- Dashboard-Freigabe: Dashboards können in der Cloud gehostet und über Webanwendungen für bestimmte Benutzergruppen zugänglich gemacht werden.

Ein wesentlicher Bestandteil der Verteilung ist auch die Schulung der Nutzer. Es ist entscheidend, dass die Benutzer verstehen, wie sie die Berichte oder Dashboards interpretieren können und welche Maßnahmen sie daraus ableiten sollen.

4.3 Die Kunst der Datenvisualisierung

Grundprinzipien der Datenvisualisierung

Eine gute Datenvisualisierung ermöglicht es dem Betrachter, Muster, Trends und Anomalien in den Daten schnell zu erkennen. Es gibt einige Grundprinzipien, die bei der Erstellung von Datenvisualisierungen beachtet werden sollten:

- Klarheit: Visualisierungen sollten klar und präzise sein. Der Betrachter sollte nicht raten müssen, was die Daten aussagen. Beschriftungen und Titel sollten eindeutig sein und die wichtigen Informationen hervorheben.
- Vermeidung von Verzerrungen: Eine schlechte Darstellung der Daten kann zu Fehlinterpretationen führen. Es ist wichtig, dass die Achsen korrekt skaliert sind und keine künstlichen Verzerrungen eingeführt werden, um bestimmte Trends überzubetonen.
- Verwendung von Farben: Farben können helfen, wichtige Datenpunkte hervorzuheben. Es ist jedoch wichtig, Farben sparsam zu verwenden und dabei auf Barrierefreiheit zu achten (z.B. für Menschen mit Farbenblindheit).
- Vergleichbarkeit: Wenn mehrere Diagramme nebeneinander dargestellt werden, sollten sie möglichst vergleichbar sein. Das bedeutet, dass sie die gleiche Skalierung und Achsenbeschriftung verwenden sollten, um direkte Vergleiche zu ermöglichen.

4.4 Tools für Reporting und Visualisierung

Es gibt eine Vielzahl von Tools, die Unternehmen dabei unterstützen, Berichte und Visualisierungen zu erstellen. Zu den beliebtesten gehören:

1. Microsoft Power BI

Power BI ist eines der leistungsstärksten und zugleich benutzerfreundlichsten BI-Tools. Es ermöglicht die einfache Erstellung von Dashboards und Berichten mit einer Vielzahl von Visualisierungen. Die Integration in die Microsoft-Office-Welt und die Cloud-Anbindung machen es zu einer idealen Lösung für Unternehmen, die schnell Ergebnisse erzielen möchten.

2. Tableau

Tableau ist bekannt für seine Visualisierungsfähigkeiten und wird weltweit von Unternehmen jeder Größe eingesetzt. Es bietet fortgeschrittene Funktionen für interaktive Dashboards und Datenexploration und ist besonders stark im Bereich der Datenvisualisierung.

3. Qlik Sense

Qlik Sense bietet starke Self-Service-BI-Funktionen und ermöglicht es Benutzern, ihre eigenen Dashboards zu erstellen und zu erkunden. Es bietet leistungsstarke Funktionen für die Assoziationsanalyse, die es Nutzern ermöglichen, verborgene Zusammenhänge in den Daten zu entdecken.

4. Google Data Studio

Google Data Studio ist ein kostenloses BI-Tool, das einfach zu verwenden ist und sich nahtlos in andere Google-Produkte wie Google Analytics oder Google Sheets integrieren lässt. Es ist besonders für kleine Unternehmen oder Teams geeignet, die ein kostengünstiges Tool zur Datenvisualisierung benötigen.

4.5 Herausforderungen bei Reporting und Visualisierung

Trotz der vielen Vorteile, die Reporting und Visualisierung bieten, gibt es auch einige Herausforderungen:

- Datenqualität: Schlechte oder unvollständige Daten können zu irreführenden Berichten führen. Es ist entscheidend, dass die zugrunde liegenden Daten korrekt und aktuell sind.
- Komplexität: In großen Organisationen mit einer Vielzahl von Datenquellen und KPIs kann es schwierig sein, die richtigen Daten auszuwählen und klar zu visualisieren.
- Überladenes Design: Zu viele Informationen oder komplexe Visualisierungen können den Bericht unübersichtlich machen und den Fokus der Betrachter verwischen.
- Benutzerverständnis: Nicht alle Anwender sind in der Lage, Daten korrekt zu interpretieren. Schulungen und klare Erklärungen sind notwendig, um sicherzustellen, dass die Berichte und Dashboards effektiv genutzt werden.

4.6 Best Practices für effektives Reporting

Um sicherzustellen, dass Reporting und Visualisierung effektiv und nützlich sind, sollten einige Best Practices beachtet werden:

Fokus auf die Zielgruppe: Die Berichte sollten immer auf die Bedürfnisse der Zielgruppe zugeschnitten sein. Unterschiedliche Stakeholder haben unterschiedliche Informationsbedürfnisse.

- Keep it simple: Die einfachsten Visualisierungen sind oft die besten. Vermeiden Sie komplexe, überladene Grafiken und konzentrieren Sie sich auf das Wesentliche.
- Regelmäßige Aktualisierung: Stellen Sie sicher, dass die Berichte und Dashboards regelmäßig aktualisiert werden, um aktuelle Daten und Erkenntnisse zu liefern.
- Interaktivität nutzen: Nutzen Sie interaktive Dashboards, um den Nutzern die Möglichkeit zu geben, ihre eigenen Erkenntnisse zu gewinnen und tiefere Einblicke zu erhalten.

Zusammenfassung:

Reporting und Visualisierung sind die entscheidenden Elemente, um den Wert von Datenanalysen für ein Unternehmen zu maximieren. Ein gut gestalteter Bericht oder ein Dashboard kann den Unterschied ausmachen zwischen einer datenbasierten Entscheidung und einem Informationsüberfluss, der zu Verwirrung führt. Durch die Kombination von klaren Zielen, der richtigen Datenquelle und einer sorgfältigen Auswahl der Visualisierungsmethoden können Unternehmen sicherstellen, dass sie das Potenzial ihrer Daten voll ausschöpfen.

Kapitel 5: Die Implementierung von Business Intelligence im Unternehmen

5.1 Einführung in die BI-Implementierung

Die Implementierung eines Business Intelligence (BI)-Systems ist ein tiefgreifender Prozess, der sowohl strategische, technische als auch kulturelle Aspekte eines Unternehmens beeinflusst. Ein BI-System bietet die Möglichkeit, Daten effizient zu sammeln, zu verarbeiten und zu analysieren, um bessere Entscheidungen zu treffen. Es ist nicht nur ein technisches Projekt, sondern auch eine strategische Entscheidung, die erhebliche Auswirkungen auf die Arbeitsweise eines Unternehmens hat.

Ein erfolgreich implementiertes BI-System bietet folgende Vorteile:

- **Verbesserte Entscheidungsfindung:** Durch den direkten Zugriff auf relevante und genaue Daten können Führungskräfte fundiertere Entscheidungen treffen.
- **Optimierung der Geschäftsprozesse:** Prozesse können effizienter gestaltet und optimiert werden, da BI-Systeme Schwachstellen und Ineffizienzen in Echtzeit aufdecken.
- **Wettbewerbsvorteil:** Die Fähigkeit, Markttrends zu erkennen und schnell auf Veränderungen zu reagieren, verleiht Unternehmen einen entscheidenden Vorteil gegenüber der Konkurrenz.

Allerdings sind viele BI-Implementierungen in der Praxis komplex und erfordern eine sorgfältige Planung. Ein BI-Projekt muss über die bloße technische Implementierung hinausgehen und alle relevanten organisatorischen Prozesse sowie die Mitarbeiter einbeziehen, um erfolgreich zu sein.

5.2 Strategische Planung und Zielsetzung

Die Implementierung eines BI-Systems beginnt mit einer umfassenden strategischen Planung. Diese Phase ist entscheidend, da sie die Weichen für den gesamten Implementierungsprozess stellt und sicherstellt, dass das BI-System den langfristigen Zielen des Unternehmens dient.

5.2.1 Definition der BI-Strategie

Die BI-Strategie ist der Plan, der festlegt, wie BI innerhalb eines Unternehmens eingesetzt wird, um die Geschäftsziele zu unterstützen. Eine erfolgreiche BI-Strategie beginnt mit klaren Zielen:

- **Was soll erreicht werden?** Die Ziele eines BI-Systems sollten spezifisch, messbar und realistisch sein. Beispiele könnten die Verbesserung des Vertriebs durch tiefere Einblicke in das Kundenverhalten oder die Optimierung der Lieferkette durch Echtzeit-Analysen sein.
- **Wer sind die Hauptnutzer?** Verschiedene Abteilungen haben unterschiedliche Anforderungen an BI-Systeme. Während das Management strategische Dashboards zur Entscheidungsfindung benötigt, erfordert die Buchhaltung möglicherweise detaillierte Finanzberichte.

- **Welche Datenquellen werden genutzt?** Es ist wichtig, von Anfang an zu bestimmen, welche Datenquellen in das BI-System integriert werden sollen. Dies können interne Quellen wie ERP- und CRM-Systeme sein oder externe Daten wie Marktdaten oder Wirtschaftsinformationen.

5.2.2 Einbeziehung der Stakeholder

Eine umfassende BI-Implementierung erfordert die Einbeziehung aller wichtigen Stakeholder im Unternehmen. Dies umfasst:

- **Geschäftsführung:** Die Führungsebene muss von Anfang an in die strategische Planung eingebunden sein, da sie die übergeordneten Ziele und die Ressourcen des Unternehmens steuert.
- **IT-Abteilung:** Die IT-Abteilung spielt eine zentrale Rolle bei der Implementierung der technischen Infrastruktur und der Integration der Datenquellen.
- **Endbenutzer:** Es ist entscheidend, die Bedürfnisse der Endbenutzer zu verstehen, da sie die Hauptanwender des Systems sind. Diese Gruppe umfasst Abteilungsleiter, Analysten und weitere Mitarbeiter, die täglich mit dem System arbeiten werden.

5.2.3 Entwicklung einer Roadmap

Eine klare Roadmap legt die zeitlichen und finanziellen Ressourcen fest, die für die Einführung des BI-Systems erforderlich sind. Diese Roadmap sollte Meilensteine, klare Verantwortlichkeiten und einen realistischen Zeitrahmen für jede Phase der Implementierung enthalten. Zu den Hauptphasen gehören:

- **Bedarfsermittlung und Zielsetzung:** Was sind die genauen Anforderungen des Unternehmens und welche Ziele sollen erreicht werden?
- **Systemauswahl:** Welches BI-Tool passt am besten zur Unternehmensstrategie und den spezifischen Anforderungen der Nutzer?
- **Pilotprojekte:** Es kann hilfreich sein, mit einem kleinen Pilotprojekt zu beginnen, um das BI-System in einem begrenzten Rahmen zu testen.
- **Schulungen und Change Management:** Die Implementierung von BI erfordert Schulungen und Unterstützung für die Mitarbeiter, damit sie das neue System verstehen und effektiv nutzen können.
- **Einführung und Optimierung:** Nach der Einführung des Systems muss dieses kontinuierlich überprüft und angepasst werden, um langfristigen Erfolg sicherzustellen.

5.2.4 Kosten-Nutzen-Analyse

Die Investition in ein BI-System ist mit erheblichen Kosten verbunden, daher sollte eine detaillierte Kosten-Nutzen-Analyse durchgeführt werden. Zu den typischen Kosten gehören:

- **Lizenzen und Softwarekosten:** Diese variieren je nach BI-Tool und dessen Funktionsumfang.
- **Implementierungskosten:** Dazu gehören die Kosten für die Integration der Daten, Anpassungen der Software und die Einrichtung der Infrastruktur.
- **Schulungskosten:** Um sicherzustellen, dass die Mitarbeiter das BI-System effektiv nutzen können, sind Schulungen notwendig.

- **Laufende Betriebskosten:** Dazu gehören Kosten für Wartung, Datenmanagement und kontinuierliche Verbesserungen.

Der erwartete Nutzen eines BI-Systems kann erheblich sein, insbesondere durch:

- **Kostensenkungen:** Durch optimierte Prozesse und bessere Ressourcennutzung.
- **Erhöhte Effizienz:** Entscheidungen können schneller und fundierter getroffen werden.
- **Verbesserte Transparenz:** Manager haben jederzeit Zugang zu den relevanten Kennzahlen und können auf dieser Basis agieren.

5.3 Auswahl der richtigen BI-Technologie

Die Auswahl des richtigen BI-Tools ist ein kritischer Schritt bei der Implementierung von Business Intelligence. Es gibt eine Vielzahl von BI-Lösungen auf dem Markt, die sich in Bezug auf Funktionalität, Preis und Benutzerfreundlichkeit unterscheiden.

5.3.1 On-Premise vs. Cloud-Lösungen

Eine der ersten Entscheidungen, die Unternehmen treffen müssen, ist die Wahl zwischen einer **On-Premise-Lösung** und einer **Cloud-basierten Lösung**:

- **On-Premise:** Diese BI-Systeme werden auf den firmeneigenen Servern gehostet und bieten mehr Kontrolle über die Daten. Sie sind oft teurer in der Anschaffung und Wartung, bieten aber höhere Sicherheits- und

Datenschutzstandards, was besonders in Branchen mit strengen regulatorischen Anforderungen wichtig ist.
- **Cloud-basierte Lösungen:** Diese BI-Systeme, wie Microsoft Power BI, Tableau oder Qlik Sense, werden in der Cloud gehostet und bieten mehr Flexibilität, schnellere Implementierung und niedrigere Einstiegskosten. Ein wesentlicher Vorteil der Cloud ist die Möglichkeit, von überall auf die Daten zuzugreifen, was besonders in Zeiten des vermehrten Homeoffice von Vorteil ist.

5.3.2 Wichtige Kriterien für die Tool-Auswahl

Die Auswahl des BI-Tools sollte auf den spezifischen Anforderungen des Unternehmens basieren. Wichtige Kriterien sind:

- **Benutzerfreundlichkeit:** Das Tool sollte eine intuitive Benutzeroberfläche bieten und auch für nicht-technische Benutzer zugänglich sein.
- **Datenintegration:** Es sollte in der Lage sein, nahtlos mit den bestehenden IT-Systemen des Unternehmens zu arbeiten und verschiedene Datenquellen zu integrieren.
- **Skalierbarkeit:** Das Tool muss in der Lage sein, mit dem Wachstum des Unternehmens und dem Anstieg der Datenmengen Schritt zu halten.
- **Kosten:** Neben den anfänglichen Lizenzkosten sollten die langfristigen Kosten für Wartung, Schulungen und Erweiterungen berücksichtigt werden.
- **Sicherheit:** In Zeiten von Datenschutzgesetzen wie der DSGVO ist es wichtig, dass das BI-Tool hohe Sicherheitsstandards erfüllt, insbesondere wenn sensible Kundendaten verarbeitet werden.

5.3.3 Ein Vergleich beliebter BI-Tools

Hier ein kurzer Vergleich von drei der beliebtesten BI-Tools:

- **Microsoft Power BI:** Eignet sich besonders für Unternehmen, die bereits andere Microsoft-Produkte verwenden, da es sich nahtlos in Excel und Azure integriert. Es ist zudem relativ kostengünstig und bietet eine Vielzahl von Visualisierungsoptionen.
- **Tableau:** Tableau ist besonders stark im Bereich der Datenvisualisierung und ermöglicht es, auch komplexe Daten intuitiv zu erkunden. Es eignet sich hervorragend für Analysten, die tiefere Einblicke in ihre Daten gewinnen möchten.
- **Qlik Sense:** Qlik Sense bietet fortschrittliche Assoziationsanalysen und ermöglicht es Benutzern, versteckte Beziehungen in ihren Daten zu entdecken. Es ist bekannt für seine leistungsstarken Self-Service-Funktionen.

5.4 Datenmanagement und Datenintegration

Ein zentrales Element der BI-Implementierung ist das Management und die Integration von Daten. In den meisten Unternehmen stammen die Daten aus einer Vielzahl von Quellen, die in einheitlicher und konsistenter Form zusammengeführt werden müssen, um fundierte Analysen zu ermöglichen.

5.4.1 Datenquellen und ihre Integration

Typische Datenquellen in einem Unternehmen sind:

- **ERP-Systeme:** Diese Systeme, wie z. B. SAP oder Oracle, enthalten wichtige operative Daten zu Finanzen, Lieferketten und Personal, die für BI-Analysen genutzt werden können.
- **CRM-Systeme:** Daten aus Customer Relationship Management-Systemen (z. B. Salesforce oder Microsoft Dynamics) bieten wertvolle Einblicke in Kundeninteraktionen, Vertriebserfolge und Marketingkampagnen.
- **Manuelle Datenquellen:** In vielen Unternehmen werden nach wie vor Excel-Tabellen verwendet, um bestimmte Daten zu verwalten. Auch diese Daten müssen in das BI-System integriert werden, um eine vollständige Sicht auf das Unternehmen zu erhalten.
- **Externe Datenquellen:** Diese können Wirtschaftsdaten, Marktforschungsergebnisse oder Social-Media-Daten umfassen und können wertvolle Ergänzungen für interne Analysen sein.

5.4.2 Datenbereinigung und Datenqualität

Die Qualität der Daten ist entscheidend für den Erfolg eines BI-Systems. Datenfehler oder unvollständige Datensätze können zu falschen Analysen und ungenauen Entscheidungen führen. Eine sorgfältige **Datenbereinigung** ist daher unerlässlich. Zu den wichtigsten Schritten gehören:

- **Datenvalidierung:** Die Daten sollten auf ihre Richtigkeit und Konsistenz überprüft werden.
- **Entfernung von Duplikaten:** Mehrfache Datensätze müssen eliminiert werden, um Verzerrungen in den Analysen zu vermeiden.
- **Vereinheitlichung von Datenformaten:** Unterschiedliche Datenquellen haben oft verschiedene Formate, z. B. für

Datumsangaben oder Währungen. Diese müssen standardisiert werden.

5.5 Benutzerakzeptanz und Schulung

Eine der größten Herausforderungen bei der Implementierung eines BI-Systems ist die Akzeptanz durch die Nutzer. Selbst das beste BI-Tool bringt keinen Mehrwert, wenn die Mitarbeiter es nicht effektiv nutzen oder die Daten nicht richtig interpretieren können.

5.5.1 Nutzerfeedback und Einbindung

Es ist wichtig, die Benutzer von Anfang an in den Prozess einzubeziehen, um sicherzustellen, dass das BI-System ihren Bedürfnissen entspricht. Regelmäßiges Feedback während der Implementierung hilft dabei, potenzielle Probleme frühzeitig zu erkennen und die Akzeptanz zu erhöhen. Dies kann durch:

- **Workshops:** In Workshops können Mitarbeiter ihre Anforderungen an das System formulieren und erste Rückmeldungen geben.
- **Testläufe:** Durch Pilotprojekte oder Testphasen kann überprüft werden, ob das BI-System die Anforderungen erfüllt.

5.5.2 Schulung und Weiterbildung

Um sicherzustellen, dass die Mitarbeiter das BI-System effektiv nutzen können, sind Schulungen unerlässlich. Diese sollten sowohl die technische Bedienung des Systems als auch das Verständnis für BI-Grundlagen umfassen, wie z. B.:

- **Erstellung von Berichten und Dashboards:** Die Mitarbeiter müssen in der Lage sein, eigenständig Berichte und Dashboards zu erstellen.
- **Interpretation von KPIs:** Es ist wichtig, dass die Mitarbeiter die wichtigsten Leistungskennzahlen (KPIs) verstehen und interpretieren können.

5.6 Erfolgskontrolle und kontinuierliche Verbesserung

Der Erfolg eines BI-Systems sollte regelmäßig überprüft werden. Dabei gilt es, sowohl die technischen Aspekte als auch die Auswirkungen auf die Geschäftsprozesse zu bewerten.

5.6.1 Erfolgskriterien

Die wichtigsten Erfolgskriterien sind:

- **Nutzerakzeptanz:** Wie viele Mitarbeiter nutzen das System regelmäßig, und wie bewerten sie dessen Benutzerfreundlichkeit und Nutzen?
- **Geschäftliche Auswirkungen:** Werden datenbasierte Entscheidungen schneller und fundierter getroffen? Hat sich die Effizienz der Geschäftsprozesse verbessert?
- **ROI:** Eine Kosten-Nutzen-Analyse sollte regelmäßig durchgeführt werden, um den ROI des BI-Systems zu messen.

5.6.2 Kontinuierliche Verbesserung

BI ist ein dynamischer Prozess. Neue Datenquellen, Technologien und Geschäftsentwicklungen erfordern eine kontinuierliche

Anpassung und Verbesserung des BI-Systems. Unternehmen sollten daher regelmäßig:

- **Feedback einholen:** Durch regelmäßige Rückmeldungen der Nutzer können Verbesserungsmöglichkeiten identifiziert werden.
- **Neue Funktionen testen:** Neue Analysefunktionen oder Visualisierungsmöglichkeiten sollten getestet und integriert werden.
- **Datenquellen erweitern:** Im Laufe der Zeit können neue interne oder externe Datenquellen hinzugefügt werden, um die Analysen zu verfeinern.

Zusammenfassung:

Die Implementierung eines BI-Systems ist ein komplexer Prozess, der eine sorgfältige Planung, die Einbindung aller relevanten Stakeholder und die Auswahl der richtigen Technologien erfordert. Unternehmen, die erfolgreich ein BI-System einführen, können ihre Entscheidungsprozesse erheblich verbessern, die Effizienz steigern und langfristig wettbewerbsfähiger werden. Der Schlüssel zum Erfolg liegt in einer strategischen Planung, der Einbindung der Mitarbeiter und der kontinuierlichen Optimierung des Systems.

Hier ist ein ausführliches sechstes Kapitel für dein Buch "Business Intelligence Basics: Erfolgreich starten mit BI, Datenanalyse und Reporting". In diesem Kapitel werden die verschiedenen Arten von Datenanalysen, deren Einsatzmöglichkeiten sowie deren Bedeutung für den Unternehmenserfolg ausführlich behandelt.

Kapitel 6: Arten der Datenanalyse – Vom Deskriptiven bis zum Prädiktiven

6.1 Einführung in die Welt der Datenanalyse

Daten sind das Herzstück jedes Business Intelligence (BI)-Systems. Doch der wahre Wert von Daten liegt nicht allein in ihrer bloßen Existenz, sondern in der Fähigkeit, sie zu analysieren und daraus Erkenntnisse zu gewinnen, die die Entscheidungsfindung in einem Unternehmen verbessern. Die Datenanalyse ist ein Prozess, der Rohdaten in wertvolle Informationen umwandelt, und sie kann auf unterschiedliche Weise erfolgen, je nachdem, welche Art von Einsicht man gewinnen möchte.

Die meisten Datenanalyseansätze lassen sich in vier Hauptkategorien einteilen:

- Deskriptive Analyse: Was ist geschehen?
- Diagnostische Analyse: Warum ist es geschehen?
- Prädiktive Analyse: Was wird geschehen?
- Präskriptive Analyse: Was soll geschehen?

Jede dieser Analysearten hat ihre spezifischen Einsatzgebiete und eignet sich für unterschiedliche Phasen der Entscheidungsfindung. In diesem Kapitel werden wir die einzelnen Analyseformen detailliert beleuchten und ihre Bedeutung im unternehmerischen Kontext erläutern.

6.2 Deskriptive Analyse: Der erste Blick auf die Daten

Die deskriptive Analyse ist die Grundlage jeder Datenanalyse. Sie beschäftigt sich mit der Vergangenheit, indem sie historische Daten auswertet und darstellt, was bereits geschehen ist. Sie ist in BI-Systemen weit verbreitet und häufig der erste Schritt, den Unternehmen gehen, um ihre Daten besser zu verstehen.

6.2.1 Ziele der deskriptiven Analyse

Das Hauptziel der deskriptiven Analyse besteht darin, große Mengen von Daten zu aggregieren und in einer Weise darzustellen, die leicht verständlich ist. Dabei werden keine tiefgehenden Ursachen für die Ereignisse untersucht, sondern lediglich die Fakten dargestellt. Typische Fragestellungen, die die deskriptive Analyse beantwortet, sind:

- Wie hoch war der Umsatz im letzten Quartal?
- Wie viele neue Kunden haben wir gewonnen?
- Welche Produkte wurden am häufigsten verkauft?

6.2.2 Methoden und Techniken der deskriptiven Analyse

Für die deskriptive Analyse werden eine Reihe von Techniken und Tools eingesetzt, die darauf abzielen, Daten in aussagekräftigen Formaten darzustellen. Dazu gehören:

- Berichte und Dashboards: Diese visualisieren die Daten in Form von Tabellen, Diagrammen oder Grafiken, die es ermöglichen, Trends und Muster schnell zu erkennen. Beliebte BI-Tools wie Power BI oder Tableau bieten

umfangreiche Möglichkeiten zur Erstellung solcher Dashboards.
- Kennzahlen (KPIs): Key Performance Indicators (KPIs) sind zentrale Metriken, die den Erfolg bestimmter Geschäftsbereiche messen. Dazu gehören Umsatzwachstum, Kundenbindung oder Lagerbestände.
- Zeitreihenanalysen: Diese Analysen konzentrieren sich darauf, wie sich bestimmte Kennzahlen über die Zeit hinweg entwickelt haben. Sie helfen, saisonale Schwankungen oder langfristige Trends zu identifizieren.

6.2.3 Beispiele der deskriptiven Analyse im Unternehmenskontext

Im unternehmerischen Alltag hat die deskriptive Analyse einen breiten Anwendungsbereich. Ein Vertriebsleiter könnte beispielsweise analysieren, welche Verkaufszahlen in den letzten Monaten erreicht wurden, während das Finanzteam monatliche Berichte über Einnahmen und Ausgaben erstellt. Auch für das Marketing ist die deskriptive Analyse nützlich, um zu verstehen, welche Kampagnen in der Vergangenheit die besten Ergebnisse erzielt haben.

Ein Beispiel könnte sein: Ein Einzelhändler verwendet die deskriptive Analyse, um die Verkaufszahlen in verschiedenen Regionen zu analysieren. Dabei stellt er fest, dass bestimmte Produkte in einer Region besonders gut abschneiden, während sie in anderen kaum verkauft werden. Diese Erkenntnis ermöglicht es dem Unternehmen, die Bestände entsprechend anzupassen und die Marketingstrategien gezielter zu gestalten.

6.3 Diagnostische Analyse: Die Gründe hinter den Zahlen

Die diagnostische Analyse geht einen Schritt weiter als die deskriptive Analyse. Sie konzentriert sich darauf, die Gründe für bestimmte Ereignisse oder Trends zu identifizieren. Während die deskriptive Analyse beschreibt, was passiert ist, erklärt die diagnostische Analyse, warum es passiert ist.

6.3.1 Ziele der diagnostischen Analyse

Das Ziel der diagnostischen Analyse besteht darin, Korrelationen und Zusammenhänge zwischen verschiedenen Datenpunkten zu entdecken und somit zu verstehen, welche Faktoren zu einem bestimmten Ergebnis geführt haben. Sie hilft Unternehmen, Ursachen für Erfolge oder Misserfolge zu identifizieren und auf dieser Grundlage gezielte Maßnahmen zu ergreifen.

Typische Fragestellungen der diagnostischen Analyse sind:

- Warum haben wir in diesem Quartal weniger Umsatz gemacht als im Vorjahr?
- Warum ist die Kundenabwanderung in einem bestimmten Segment höher als in anderen?
- Warum haben bestimmte Marketingkampagnen bessere Ergebnisse erzielt als andere?

6.3.2 Methoden und Techniken der diagnostischen Analyse

Die diagnostische Analyse verwendet Techniken, die tiefer in die Daten eindringen und versuchen, kausale Zusammenhänge aufzudecken. Zu den gängigen Methoden gehören:

- Drill-Down-Analyse: Diese Methode ermöglicht es, von einer höheren Ebene der Daten in detailliertere Informationen einzutauchen. Wenn beispielsweise der Gesamtumsatz eines Unternehmens gesunken ist, könnte eine Drill-Down-Analyse zeigen, dass dieser Rückgang hauptsächlich auf eine bestimmte Produktkategorie oder Region zurückzuführen ist.
- Korrelationsanalysen: Hierbei werden statistische Methoden eingesetzt, um Zusammenhänge zwischen verschiedenen Variablen zu erkennen. Ein Beispiel könnte sein, dass der Umsatzrückgang mit einer Preiserhöhung korreliert.
- Segmentierung: Bei dieser Methode werden die Daten in kleinere, homogene Gruppen unterteilt, um Muster innerhalb dieser Gruppen zu erkennen. Ein Beispiel wäre die Segmentierung von Kunden nach Alter, Geschlecht oder geografischer Region, um herauszufinden, welche Gruppen am stärksten auf bestimmte Werbekampagnen reagieren.

6.3.3 Beispiele der diagnostischen Analyse im Unternehmenskontext

Ein Unternehmen stellt beispielsweise fest, dass der Umsatz in einer bestimmten Region stark gesunken ist. Durch eine diagnostische Analyse erkennt es, dass dieser Rückgang auf den Verlust eines großen Kunden zurückzuführen ist, der zu einem Konkurrenten gewechselt ist. Weitere Analysen könnten zeigen, dass dieser Kunde mit dem Service unzufrieden war, was wiederum Maßnahmen zur Verbesserung der Kundenbetreuung nach sich ziehen könnte.

Ein anderes Beispiel wäre ein E-Commerce-Unternehmen, das die Gründe für die hohe Warenkorbabbruchrate auf seiner Website analysieren möchte. Mithilfe der diagnostischen Analyse könnte es herausfinden, dass der Abbruch hauptsächlich bei internationalen Kunden auftritt, was möglicherweise auf hohe Versandkosten oder lange Lieferzeiten zurückzuführen ist.

6.4 Prädiktive Analyse: Blick in die Zukunft

Während die deskriptive und diagnostische Analyse sich auf vergangene und gegenwärtige Ereignisse konzentrieren, beschäftigt sich die prädiktive Analyse mit der Zukunft. Mithilfe statistischer Modelle und maschinellem Lernen versucht die prädiktive Analyse, zukünftige Ereignisse oder Trends vorherzusagen. Dies ermöglicht es Unternehmen, proaktiv zu handeln, anstatt nur auf Veränderungen zu reagieren.

6.4.1 Ziele der prädiktiven Analyse

Das Hauptziel der prädiktiven Analyse besteht darin, Vorhersagen über zukünftige Ereignisse zu treffen. Unternehmen können diese Vorhersagen nutzen, um Risiken zu minimieren, Chancen zu identifizieren und ihre Ressourcen optimal zu planen. Typische Fragestellungen sind:

- Wie wird sich die Nachfrage nach einem bestimmten Produkt in den nächsten Monaten entwickeln?
- Welche Kunden sind am wahrscheinlichsten bereit, auf ein höherpreisiges Produkt umzusteigen?

- Welche Faktoren werden den Gewinn im kommenden Jahr beeinflussen?

6.4.2 Methoden und Techniken der prädiktiven Analyse

Die prädiktive Analyse basiert auf statistischen Methoden, um Vorhersagemodelle zu erstellen. Dazu gehören:

- Regressionsanalysen: Diese Methode wird verwendet, um die Beziehung zwischen einer abhängigen Variable (z. B. Umsatz) und einer oder mehreren unabhängigen Variablen (z. B. Preis, Marketingausgaben) zu modellieren. Sie hilft, die Auswirkungen verschiedener Faktoren auf ein zukünftiges Ergebnis vorherzusagen.
- Zeitreihenanalysen: Diese Technik wird häufig verwendet, um auf Basis vergangener Daten zukünftige Entwicklungen zu prognostizieren. Sie kann helfen, saisonale Muster zu erkennen oder langfristige Trends vorherzusagen.
- Maschinelles Lernen: Algorithmen des maschinellen Lernens, wie Entscheidungsbäume oder neuronale Netze, können große Datenmengen analysieren und auf dieser Basis präzise Vorhersagen treffen. Diese Modelle "lernen" aus den Daten und verbessern sich mit der Zeit.

6.4.3 Beispiele der prädiktiven Analyse im Unternehmenskontext

Ein Handelsunternehmen könnte prädiktive Analysen verwenden, um die Nachfrage nach bestimmten Produkten während der Weihnachtszeit vorherzusagen. Anhand historischer Verkaufsdaten und externen Faktoren wie Wetter oder Wirtschaftslage kann das

Unternehmen Prognosen erstellen und so seine Lagerbestände optimal planen.

Ein weiteres Beispiel wäre ein Telekommunikationsanbieter, der vorhersagt, welche Kunden mit hoher Wahrscheinlichkeit den Anbieter wechseln werden. Durch das Erstellen eines Modells auf Basis von Kundendaten (z. B. Vertragslaufzeit, Nutzungsmuster) kann das Unternehmen gezielte Maßnahmen ergreifen, um die Abwanderung zu verhindern.

6.5 Präskriptive Analyse: Handlungsempfehlungen auf Basis von Daten

Die präskriptive Analyse geht noch einen Schritt weiter als die prädiktive Analyse. Sie liefert nicht nur Vorhersagen, sondern auch konkrete Handlungsempfehlungen. Mithilfe dieser Analyse können Unternehmen die besten Maßnahmen identifizieren, um bestimmte Ziele zu erreichen oder Probleme zu vermeiden.

6.5.1 Ziele der präskriptiven Analyse

Das Ziel der präskriptiven Analyse besteht darin, Unternehmen dabei zu unterstützen, fundierte Entscheidungen zu treffen. Sie beantwortet die Frage: Was soll als Nächstes getan werden? Typische Fragestellungen könnten sein:

- Welche Preisstrategie sollte angewendet werden, um den Gewinn zu maximieren?
- Wie sollten die Lagerbestände optimiert werden, um sowohl Kosten zu senken als auch die Nachfrage zu decken?
- Welche Marketingkanäle sollten genutzt werden, um den besten Return on Investment (ROI) zu erzielen?

6.5.2 Methoden und Techniken der präskriptiven Analyse

Die präskriptive Analyse verwendet häufig Optimierungsalgorithmen und Simulationen, um Handlungsempfehlungen abzuleiten. Zu den gängigen Techniken gehören:

- Lineare und nichtlineare Optimierung: Diese Methode wird verwendet, um das optimale Ergebnis (z. B. maximale Gewinne, minimale Kosten) unter Berücksichtigung von Restriktionen (z. B. begrenzte Ressourcen, Budgets) zu finden.
- Was-wäre-wenn-Simulationen: Hierbei werden verschiedene Szenarien simuliert, um zu sehen, wie sich unterschiedliche Entscheidungen auf das Unternehmen auswirken. Beispielsweise könnte simuliert werden, welche Auswirkungen eine Preissenkung oder eine Erhöhung der Werbeausgaben auf den Umsatz hat.

6.5.3 Beispiele der präskriptiven Analyse im Unternehmenskontext

Ein Flugunternehmen könnte präskriptive Analysen verwenden, um den optimalen Ticketpreis zu ermitteln, der sowohl die Auslastung der Flüge maximiert als auch die Gewinne steigert. Mithilfe der Analyse kann das Unternehmen verschiedene Szenarien durchspielen (z. B. Änderungen in der Nachfrage, wirtschaftliche Bedingungen) und die beste Strategie identifizieren.

Ein weiteres Beispiel wäre ein Einzelhändler, der die Lieferkettenprozesse optimieren möchte. Mithilfe der präskriptiven Analyse könnte er feststellen, wie Lagerbestände und Lieferungen angepasst werden sollten, um sowohl die Kundennachfrage zu decken als auch die Lagerhaltungskosten zu minimieren.

6.6 Zusammenfassung: Die Rolle der Datenanalyse im modernen Unternehmen

Die Datenanalyse ist ein wesentlicher Bestandteil jeder erfolgreichen Business-Intelligence-Strategie. Unternehmen, die ihre Daten effektiv analysieren, können fundierte Entscheidungen treffen, schneller auf Marktveränderungen reagieren und Wettbewerbsvorteile erzielen. Von der einfachen deskriptiven Analyse über die Ursachenforschung mit diagnostischen Ansätzen bis hin zur Vorhersage zukünftiger Trends und der Ableitung konkreter Handlungsempfehlungen – die verschiedenen Arten der Datenanalyse bieten umfassende Möglichkeiten, die eigene Geschäftsentwicklung zu steuern und zu optimieren.

Für Unternehmen, die sich auf dem Weg zur datengetriebenen Organisation befinden, ist es wichtig, alle vier Analysearten zu verstehen und gezielt einzusetzen. Durch die richtige Kombination von deskriptiven, diagnostischen, prädiktiven und präskriptiven Ansätzen können Unternehmen das volle Potenzial ihrer Daten ausschöpfen und ihre strategischen Ziele effizienter erreichen.

Kapitel 7: Reporting und Visualisierung – Die Kunst der datenbasierten Präsentation

7.1 Einleitung: Warum Reporting und Visualisierung so wichtig sind

In der modernen Business Intelligence (BI) geht es nicht nur darum, große Datenmengen zu sammeln und zu analysieren, sondern auch darum, die Ergebnisse so darzustellen, dass sie von Entscheidungsträgern leicht verstanden und genutzt werden können. Ein effektives Reporting und aussagekräftige Datenvisualisierungen sind entscheidend, um komplexe Zusammenhänge klar und prägnant zu vermitteln. In einer zunehmend visuell orientierten Welt bevorzugen Menschen Diagramme, Grafiken und Dashboards, um datengestützte Entscheidungen zu treffen.

Das Reporting bietet eine strukturierte Form der Informationspräsentation, während Visualisierungen oft genutzt werden, um Muster und Zusammenhänge schneller erkennbar zu machen. Die Kombination beider Methoden ermöglicht es Unternehmen, fundierte Entscheidungen auf Basis ihrer Daten zu treffen.

Dieses Kapitel wird die wichtigsten Aspekte des Reportings und der Visualisierung im BI-Kontext beleuchten, die unterschiedlichen Typen vorstellen und aufzeigen, wie man sie bestmöglich für den geschäftlichen Erfolg nutzt.

7.2 Die Grundlagen des Reportings

7.2.1 Was ist Reporting?

Reporting bezeichnet die systematische Sammlung, Aufbereitung und Präsentation von Daten, um den aktuellen Stand eines Unternehmens oder eines bestimmten Geschäftsbereichs darzustellen. Das Ziel des Reportings ist es, relevante Informationen bereitzustellen, die Führungskräften und Mitarbeitern helfen, fundierte Entscheidungen zu treffen. Dies kann in regelmäßigen Abständen geschehen – etwa in Form von Monats-, Quartals- oder Jahresberichten – oder in Echtzeit, wenn Unternehmen auf aktuelle Entwicklungen reagieren müssen.

7.2.2 Typen von Reports

Es gibt verschiedene Arten von Reports, die je nach Geschäftsbedarf und Zielgruppe erstellt werden. Zu den wichtigsten Typen gehören:

- **Standardberichte**: Diese Berichte sind vorformatiert und werden regelmäßig erstellt. Sie geben einen Überblick über wiederkehrende Kennzahlen, wie z. B. Verkaufszahlen, Lagerbestände oder Finanzkennzahlen. Unternehmen nutzen sie häufig zur Überwachung von Leistungskennzahlen (KPIs).
- **Ad-hoc-Berichte**: Diese Berichte werden bei Bedarf erstellt, wenn spezifische Informationen benötigt werden, die über den Rahmen der Standardberichte hinausgehen. Ad-hoc-Berichte ermöglichen es den Nutzern, Daten gezielt abzufragen, um bestimmte Fragestellungen zu beantworten,

z. B. „Wie hat sich das Umsatzwachstum in Region X im letzten Monat entwickelt?".
- **Analytische Berichte**: Diese Berichte gehen tiefer in die Datenanalyse ein und konzentrieren sich darauf, die Ursachen bestimmter Trends oder Abweichungen zu identifizieren. Sie beinhalten oft detaillierte Analysen, die Führungskräften helfen, fundierte Entscheidungen zu treffen. Beispiel: Eine detaillierte Analyse der Faktoren, die zu einer Umsatzsteigerung geführt haben.
- **Managementberichte**: Diese Berichte sind speziell für das obere Management gedacht und fassen die wichtigsten Kennzahlen und Entwicklungen des Unternehmens auf einer strategischen Ebene zusammen. Sie sollen die Effizienz der Entscheidungsfindung verbessern und bieten eine Übersicht über alle relevanten Bereiche eines Unternehmens, wie Finanzen, Vertrieb, Produktion und Personalwesen.

7.2.3 Herausforderungen im Reporting

Obwohl Reporting eine essenzielle Rolle im BI-Prozess spielt, bringt es einige Herausforderungen mit sich:

- **Datenqualität**: Reports sind nur so gut wie die zugrunde liegenden Daten. Fehlende, fehlerhafte oder veraltete Daten können dazu führen, dass die Ergebnisse verzerrt werden und falsche Entscheidungen getroffen werden.
- **Datenüberflutung**: In vielen Unternehmen gibt es eine riesige Menge an Daten, die in Berichten verarbeitet werden müssen. Zu viele Informationen können jedoch dazu führen, dass der Fokus verloren geht und wichtige Erkenntnisse übersehen werden.

- **Benutzerfreundlichkeit**: Reports müssen nicht nur genau sein, sondern auch leicht verständlich und benutzerfreundlich. Komplexe oder unübersichtliche Berichte können dazu führen, dass wichtige Informationen nicht richtig wahrgenommen werden.

7.3 Datenvisualisierung: Mehr als nur hübsche Grafiken

Datenvisualisierung ist ein zentraler Bestandteil jedes modernen BI-Systems. Während Reporting sich auf die Präsentation von Informationen konzentriert, geht die Visualisierung noch einen Schritt weiter und hilft dabei, Daten durch visuelle Darstellungen wie Diagramme, Karten oder Dashboards intuitiver zu verstehen.

7.3.1 Was ist Datenvisualisierung?

Datenvisualisierung bezeichnet den Prozess der Umwandlung von Daten in visuelle Darstellungen, die es den Nutzern ermöglichen, Muster, Trends und Ausreißer zu erkennen. Dies ist besonders nützlich in einer Welt, in der Datenmengen stetig wachsen und es schwierig wird, aus rein numerischen Informationen schnell Erkenntnisse zu gewinnen. Durch visuelle Darstellungen lassen sich große Datenmengen auf eine Art und Weise komprimieren, die leichter zu interpretieren ist.

7.3.2 Typen von Datenvisualisierungen

Je nach Art der Daten und den zu vermittelnden Informationen gibt es verschiedene Visualisierungstechniken, die eingesetzt werden können:

- **Balkendiagramme**: Ideal für den Vergleich von Kategorien. Zum Beispiel könnte ein Balkendiagramm verwendet werden, um die Verkaufszahlen verschiedener Produktkategorien zu vergleichen.
- **Liniendiagramme**: Diese sind besonders nützlich, um zeitliche Entwicklungen darzustellen. Sie helfen, Trends über einen bestimmten Zeitraum hinweg zu erkennen, z. B. den Umsatzverlauf in den letzten 12 Monaten.
- **Kreisdiagramme**: Diese Diagramme sind gut geeignet, um Anteile eines Ganzen darzustellen. Ein Kreisdiagramm könnte z. B. den Marktanteil verschiedener Unternehmen in einem bestimmten Sektor zeigen.
- **Wärmekarten (Heatmaps)**: Diese Visualisierungen verwenden Farben, um Datenintensität oder Häufigkeit darzustellen. Eine Wärmekarte könnte beispielsweise genutzt werden, um die geografische Verteilung von Verkäufen anzuzeigen.
- **Blasendiagramme**: Diese ermöglichen es, mehrere Dimensionen auf einer einzigen Grafik darzustellen, indem sie die Größe und Farbe der Blasen zur Darstellung zusätzlicher Variablen nutzen. Zum Beispiel könnten Blasendiagramme verwendet werden, um die Beziehung zwischen Marketingbudget, Umsatz und Kundenbindung zu visualisieren.
- **Dashboards**: Dashboards bieten eine umfassende Übersicht über wichtige Kennzahlen und beinhalten oft mehrere Visualisierungen auf einer Seite. Sie sind besonders nützlich für Führungskräfte, die schnell auf aktuelle Informationen zugreifen müssen, ohne sich durch verschiedene Berichte arbeiten zu müssen.

7.3.3 Best Practices in der Datenvisualisierung

Um sicherzustellen, dass Visualisierungen effektiv sind und die gewünschten Erkenntnisse vermitteln, sollten bestimmte Best Practices beachtet werden:

- **Zielgruppenorientierung**: Die Visualisierung sollte auf die Bedürfnisse und das Vorwissen der Zielgruppe zugeschnitten sein. Während Führungskräfte möglicherweise eine hoch aggregierte Ansicht bevorzugen, benötigen Analysten detailliertere Darstellungen.
- **Einfache und klare Darstellungen**: Vermeide es, zu viele Informationen in einer Grafik zu komprimieren. Jede Visualisierung sollte sich auf eine klare Kernbotschaft konzentrieren und keine unnötigen Elemente enthalten.
- **Richtige Diagrammwahl**: Die Wahl des richtigen Diagrammtyps ist entscheidend. Beispielsweise wäre ein Liniendiagramm ungeeignet, um kategorische Daten zu vergleichen, während ein Balkendiagramm dafür ideal ist.
- **Farben gezielt einsetzen**: Farben können helfen, Muster und Trends hervorzuheben, aber sie sollten sparsam und konsistent verwendet werden, um Verwirrung zu vermeiden. Es ist auch wichtig, Farbschemata zu berücksichtigen, die für Menschen mit Farbsehschwäche geeignet sind.
- **Interaktive Visualisierungen**: Interaktive Dashboards und Visualisierungen ermöglichen es Nutzern, tiefer in die Daten einzutauchen, indem sie Filter anwenden, Details anzeigen oder verschiedene Ansichten einblenden. Dies erhöht die Benutzerfreundlichkeit und fördert ein besseres Verständnis der Daten.

7.4 Das perfekte Dashboard – Ein integraler Bestandteil des BI-Systems

Dashboards sind das Herzstück vieler BI-Systeme. Sie bieten eine visuelle Zusammenfassung der wichtigsten Leistungsindikatoren (KPIs) und ermöglichen es Führungskräften und Mitarbeitern, die aktuelle Geschäftssituation auf einen Blick zu erfassen.

7.4.1 Aufbau eines Dashboards

Der Erfolg eines Dashboards hängt von seiner Struktur und Benutzerfreundlichkeit ab. Ein gut gestaltetes Dashboard sollte:

- **Wichtige Kennzahlen hervorheben**: Die wichtigsten KPIs sollten prominent platziert und leicht zugänglich sein. Diese Kennzahlen sollten die zentralen Ziele des Unternehmens widerspiegeln und den Nutzern helfen, schnelle Entscheidungen zu treffen.
- **Klare Struktur und intuitive Navigation**: Ein übersichtliches Layout mit einer logischen Anordnung der Informationen erleichtert den Nutzern die Navigation. Die Verwendung von Registerkarten oder klar definierten Abschnitten kann helfen, das Dashboard übersichtlich zu gestalten.
- **Echtzeit-Informationen anzeigen**: In einer schnelllebigen Geschäftsumgebung ist es wichtig, dass Dashboards aktuelle und relevante Daten liefern. Echtzeit-Dashboards ermöglichen es Führungskräften, sofort auf Veränderungen zu reagieren und Entscheidungen zu treffen.

7.4.2 Einsatzbereiche von Dashboards

Dashboards können in verschiedenen Bereichen eines Unternehmens eingesetzt werden:

- **Vertriebs- und Marketing-Dashboards**: Diese Dashboards zeigen KPIs wie Verkaufszahlen, Lead-Generierung und Marketing-ROI und helfen den Abteilungen, ihre Performance zu überwachen.
- **Finanz-Dashboards**: Finanz-Kennzahlen wie Einnahmen, Ausgaben, Gewinnmargen und Liquidität werden in Echtzeit überwacht, um finanzielle Stabilität sicherzustellen.
- **HR-Dashboards**: Diese Dashboards liefern Informationen über Mitarbeiterzufriedenheit, Fluktuation und Einstellungsprozesse, um Personalentscheidungen besser zu treffen.

7.5 Zusammenfassung: Reporting und Visualisierung als Schlüssel zur BI

Ein erfolgreiches BI-System steht und fällt mit der Fähigkeit, Daten klar und verständlich zu präsentieren. Reporting und Visualisierung sind essenzielle Werkzeuge, um aus großen Datenmengen wertvolle Erkenntnisse zu ziehen und diese an die relevanten Entscheidungsträger zu kommunizieren.

Kapitel 8: Datenquellen und Integration – Wie man Daten aus verschiedenen Systemen zusammenführt

8.1 Einleitung: Die Herausforderung der verteilten Datenquellen

In modernen Unternehmen werden Daten aus vielen verschiedenen Quellen gesammelt und gespeichert. Dazu gehören interne Systeme wie ERP (Enterprise Resource Planning), CRM (Customer Relationship Management) oder HR-Systeme, aber auch externe Datenquellen wie Marktforschung, Social Media, öffentliche Datenbanken und Lieferantendaten. Jedes dieser Systeme hat seine eigene Struktur, Datenspeicherung und Formate, was es oft zu einer Herausforderung macht, diese Daten zu einem einheitlichen Bild zusammenzuführen.

Die Integration von Daten aus verschiedenen Quellen ist ein zentraler Bestandteil der Business Intelligence (BI). Sie ermöglicht es Unternehmen, eine umfassende Sicht auf ihre Prozesse, Kunden und Märkte zu gewinnen. Dieses Kapitel wird sich mit den Herausforderungen und bewährten Methoden der Datenintegration beschäftigen und zeigen, wie Unternehmen durch die Zusammenführung von Daten effizientere und fundiertere Entscheidungen treffen können.

8.2 Typische Datenquellen in Unternehmen

Bevor wir uns mit der Integration von Daten beschäftigen, ist es wichtig, die verschiedenen Arten von Datenquellen in einem Unternehmen zu verstehen. Diese können in interne und externe Quellen unterteilt werden.

8.2.1 Interne Datenquellen

Interne Datenquellen sind diejenigen, die innerhalb eines Unternehmens generiert und verwaltet werden. Dazu gehören:

- **ERP-Systeme (Enterprise Resource Planning)**:
  ERP-Systeme verwalten zentrale Unternehmensfunktionen wie Finanzwesen, Produktion, Beschaffung, Lagerhaltung und Vertrieb. Sie bieten eine Fülle von strukturierten Daten, die in der Regel sehr detailliert sind, wie z. B. Bestandsdaten, Produktionszahlen oder finanzielle Transaktionen.
- **CRM-Systeme (Customer Relationship Management)**:
  Diese Systeme speichern alle relevanten Informationen über Kunden, einschließlich Verkaufsinteraktionen, Kundenhistorie und Kontaktinformationen. CRM-Daten sind besonders wertvoll, um das Kundenverhalten zu analysieren und Marketingstrategien zu optimieren.
- **HR-Systeme (Human Resources)**: In HR-Systemen werden alle Daten im Zusammenhang mit den Mitarbeitern eines Unternehmens verwaltet, wie z. B. Gehälter, Arbeitszeiten, Abwesenheiten, Leistungsbewertungen und Schulungen.
- **Datenbanken und Data Warehouses**: Viele Unternehmen verfügen über interne Datenbanken oder Data Warehouses, in denen große Mengen an strukturierten Daten gespeichert werden. Diese Datenbanken sind oft das Rückgrat der

BI-Infrastruktur, da sie alle wichtigen Geschäftsdaten an einem zentralen Ort speichern.

8.2.2 Externe Datenquellen

Externe Datenquellen stammen außerhalb des Unternehmens und liefern wertvolle Informationen, die für die strategische Planung, Marktanalyse oder Kundenverständnis genutzt werden können. Zu den wichtigsten externen Quellen gehören:

- **Social Media**: Plattformen wie Facebook, Twitter, LinkedIn und Instagram liefern riesige Mengen an Daten über Kundenmeinungen, Markenwahrnehmung und Trends. Diese unstrukturierten Daten sind oft eine wichtige Quelle für prädiktive Analysen und Trendanalysen.
- **Marktforschungsdaten**: Unternehmen kaufen häufig Marktdaten von Drittanbietern, um sich über Markttrends, Wettbewerbsanalysen und Verbrauchermeinungen zu informieren. Diese Daten können in der Regel in strukturierter Form erworben und leicht in BI-Systeme integriert werden.
- **Öffentliche Datenquellen**: Regierungen und internationale Organisationen stellen oft große Mengen an offenen Daten zur Verfügung. Diese Daten reichen von wirtschaftlichen Kennzahlen bis hin zu geografischen Informationen und bieten wertvolle Einblicke, die Unternehmen in ihre Analysen einbeziehen können.
- **Lieferantendaten**: Unternehmen erhalten oft Daten von ihren Lieferanten, die Aufschluss über Bestellungen, Lagerbestände, Lieferzeiten und Preise geben. Diese Daten sind besonders wichtig für das Supply-Chain-Management.

8.3 Herausforderungen bei der Datenintegration

Die Zusammenführung von Daten aus verschiedenen Quellen kann sehr komplex sein und bringt eine Reihe von Herausforderungen mit sich. Diese müssen verstanden und überwunden werden, um eine erfolgreiche Datenintegration zu gewährleisten.

8.3.1 Unterschiedliche Datenformate und Strukturen

Jede Datenquelle speichert Informationen auf unterschiedliche Weise. ERP-Systeme verwenden oft strukturierte, tabellarische Datenformate, während Social-Media-Daten unstrukturiert und schwer zu analysieren sein können. Darüber hinaus können Daten in verschiedenen Formaten wie CSV, XML, JSON oder proprietären Formaten vorliegen. Die Herausforderung besteht darin, diese verschiedenen Formate zu vereinheitlichen und in einer Form darzustellen, die für die Analyse geeignet ist.

8.3.2 Datenqualität

Die Qualität der Daten kann erheblich variieren. In einigen Fällen können Daten unvollständig, veraltet oder fehlerhaft sein. Schlechte Datenqualität führt zu ungenauen Analysen und kann das Vertrauen in die BI-Initiativen untergraben. Unternehmen müssen daher Prozesse zur Sicherstellung der Datenqualität entwickeln, einschließlich der Bereinigung und Validierung von Daten.

8.3.3 Daten-Silos

Daten-Silos entstehen, wenn Daten in verschiedenen Abteilungen oder Systemen isoliert und nicht miteinander verbunden sind. Dies erschwert die ganzheitliche Sicht auf das Unternehmen und führt oft zu ineffizienten Prozessen. Die Integration dieser Daten-Silos ist entscheidend, um sicherzustellen, dass alle relevanten Informationen für Analysen verfügbar sind.

8.3.4 Echtzeit-Integration vs. Batch-Integration

Ein weiteres Problem ist die Frage, wie oft Daten aktualisiert und integriert werden sollten. Einige Geschäftsprozesse erfordern Echtzeitdaten, während andere mit periodischen (Batch-)Datenaktualisierungen auskommen. Echtzeit-Integration erfordert komplexere Infrastrukturen und höhere Investitionen, bietet jedoch den Vorteil, dass Entscheidungen auf Grundlage aktueller Daten getroffen werden können.

8.4 Methoden der Datenintegration

Es gibt verschiedene Ansätze und Methoden zur Datenintegration, die Unternehmen dabei helfen, Daten aus unterschiedlichen Quellen zusammenzuführen. Die Wahl der richtigen Methode hängt von den spezifischen Anforderungen des Unternehmens, der Menge der zu verarbeitenden Daten und der gewünschten Geschwindigkeit der Integration ab.

8.4.1 ETL (Extract, Transform, Load)

Die gängigste Methode der Datenintegration ist der ETL-Prozess. ETL steht für **Extract, Transform, Load** und beschreibt die drei Schritte, die notwendig sind, um Daten aus verschiedenen Quellen in ein zentrales System wie ein Data Warehouse zu überführen.

- **Extract (Extrahieren)**: In diesem Schritt werden die Daten aus den verschiedenen Quellsystemen entnommen. Dies kann von einer Vielzahl von Systemen stammen,

einschließlich Datenbanken, Cloud-Diensten oder externen Quellen.
- **Transform (Transformieren)**: Die extrahierten Daten werden in ein einheitliches Format gebracht. Dies beinhaltet das Bereinigen der Daten, das Entfernen von Duplikaten und die Konvertierung in kompatible Formate. Oft werden hier auch Daten angereichert oder aggregiert, um sie für die spätere Analyse vorzubereiten.
- **Load (Laden)**: Im letzten Schritt werden die transformierten Daten in das Zieldatenbanksystem oder Data Warehouse geladen. Dieser Prozess kann entweder in Echtzeit (Streaming) oder als Batch-Prozess (periodische Aktualisierung) durchgeführt werden.

8.4.2 ELT (Extract, Load, Transform)

ELT ist eine alternative Methode zur Datenintegration, bei der die Reihenfolge von Transformation und Laden umgekehrt wird. Hier werden die Daten direkt nach der Extraktion in das Data Warehouse geladen und erst dort transformiert. Dieser Ansatz ist besonders geeignet, wenn große Datenmengen verarbeitet werden müssen und die Rohdaten schnell zur Verfügung stehen sollen. Cloud-basierte Systeme verwenden oft den ELT-Ansatz, da sie über die Rechenleistung verfügen, um große Datenmengen direkt zu verarbeiten.

8.4.3 APIs und Webservices

APIs (Application Programming Interfaces) und Webservices bieten eine flexible Möglichkeit, Daten aus externen Quellen in BI-Systeme zu integrieren. Viele moderne Cloud-basierte Anwendungen bieten APIs an, über die Daten in Echtzeit abgerufen und verarbeitet werden können. Webservices wie RESTful APIs oder SOAP ermöglichen es, Daten aus verschiedenen Systemen nahtlos zu integrieren und bieten oft eine größere Flexibilität als traditionelle ETL-Prozesse.

8.4.4 Datenvirtualisierung

Datenvirtualisierung ist eine relativ neue Methode der Datenintegration, bei der Daten aus verschiedenen Quellen virtuell zusammengeführt werden, ohne dass sie physisch in ein zentrales Data Warehouse verschoben werden müssen. Anstatt die Daten zu extrahieren, transformieren und zu laden, erstellt die Datenvirtualisierung eine einheitliche Ansicht der Daten, die von verschiedenen Quellen abgerufen werden können. Dies ermöglicht eine flexiblere und schnellere Integration von Daten, insbesondere wenn Echtzeitdaten benötigt werden.

8.5 Best Practices für die Datenintegration

Um sicherzustellen, dass die Datenintegration effizient und erfolgreich ist, sollten Unternehmen bestimmte Best Practices beachten.

8.5.1 Daten-Governance

Eine solide Daten-Governance ist entscheidend für die Sicherstellung der Datenqualität und -konsistenz. Es müssen klare Richtlinien festgelegt werden, wer Zugriff auf welche Daten hat und wie diese verarbeitet werden. Darüber hinaus sollten Mechanismen zur Sicherstellung der Datenintegrität und -sicherheit implementiert werden, um zu verhindern, dass unautorisierte Änderungen an den Daten vorgenommen werden.

8.5.2 Standardisierung von Datenformaten

Einheitliche Datenformate und -strukturen sind entscheidend, um eine reibungslose Integration zu gewährleisten. Unternehmen sollten darauf achten, dass Daten aus verschiedenen Quellen in ein gemeinsames Format überführt werden, um die spätere Analyse zu erleichtern.

8.5.3 Automatisierung

Manuelle Datenintegrationsprozesse sind fehleranfällig und ineffizient. Unternehmen sollten Automatisierungswerkzeuge nutzen, um den ETL-Prozess zu beschleunigen und sicherzustellen, dass Daten in regelmäßigen Abständen ohne menschliches Eingreifen aktualisiert werden.

8.5.4 Flexibilität und Skalierbarkeit

Die Datenintegration sollte flexibel und skalierbar sein, um den zukünftigen Anforderungen des Unternehmens gerecht zu werden. Neue Datenquellen müssen einfach hinzugefügt werden können, und die Infrastruktur sollte in der Lage sein, mit wachsenden Datenmengen umzugehen.

8.6 Zusammenfassung: Die Bedeutung der Datenintegration

Die Integration von Daten aus verschiedenen Quellen ist ein zentraler Aspekt der Business Intelligence. Ohne eine erfolgreiche Datenintegration sind Unternehmen nicht in der Lage, eine ganzheitliche Sicht auf ihre Geschäftsprozesse zu gewinnen und fundierte Entscheidungen zu treffen. In diesem Kapitel haben wir die verschiedenen Herausforderungen und Methoden der Datenintegration beleuchtet, von klassischen ETL-Prozessen bis hin zu modernen Ansätzen wie Datenvirtualisierung und API-Integration.

Ein gut durchdachter Datenintegrationsprozess stellt sicher, dass Unternehmen das volle Potenzial ihrer Daten ausschöpfen können. Egal ob Echtzeitdaten für operative Entscheidungen benötigt werden oder Batch-Prozesse für langfristige strategische Planungen – eine effiziente Datenintegration ist der Schlüssel zum Erfolg in der datengetriebenen Geschäftswelt.

Kapitel 9: Datenmanagement und Datenqualität – Wie man zuverlässige und konsistente Daten sicherstellt

9.1 Einleitung: Die Rolle von Datenmanagement und Datenqualität in der Business Intelligence

Daten sind der Rohstoff der modernen Geschäftswelt, und ihre Bedeutung wird in einer datengetriebenen Welt immer wichtiger. Im Zentrum eines erfolgreichen Business Intelligence (BI)-Systems steht die Fähigkeit, qualitativ hochwertige, konsistente und zuverlässige Daten zu verwenden. Schlechte Datenqualität kann zu falschen Entscheidungen führen, während gut verwaltete, saubere Daten die Grundlage für präzise Analysen und strategische Entscheidungen bilden.

Dieses Kapitel konzentriert sich auf die Bedeutung des Datenmanagements und der Datenqualität in einem BI-Kontext. Wir werden die Herausforderungen diskutieren, die durch schlechte Datenqualität entstehen können, und Best Practices für das Datenmanagement vorstellen, die sicherstellen, dass Unternehmen mit vertrauenswürdigen und nützlichen Daten arbeiten.

9.2 Was ist Datenmanagement?

Datenmanagement bezieht sich auf alle Prozesse und Richtlinien, die sicherstellen, dass Daten im Unternehmen auf konsistente, strukturierte und nützliche Weise organisiert, gespeichert und zugänglich gemacht werden. Ein effizientes Datenmanagement ist unerlässlich, um die wachsenden Mengen an Informationen zu beherrschen, die in Unternehmen generiert und genutzt werden. Es umfasst folgende zentrale Elemente:

- **Datenintegration**: Die Zusammenführung von Daten aus verschiedenen Quellen, um eine zentrale und kohärente Sicht auf die Informationen zu erhalten.
- **Datenarchitektur**: Die Struktur und Organisation der Daten innerhalb des Unternehmens, um sicherzustellen, dass sie leicht zugänglich und verständlich sind.
- **Daten-Governance**: Die Richtlinien und Verfahren, die bestimmen, wie Daten verwaltet, geschützt und verwendet werden.
- **Daten-Speicherung**: Die physische und logische Speicherung von Daten, einschließlich Datenbanken, Data Warehouses und Cloud-Lösungen.
- **Datenqualitätssicherung**: Die Prozesse zur Sicherstellung, dass die Daten korrekt, konsistent und vertrauenswürdig sind.

Datenmanagement zielt darauf ab, die richtigen Daten, in der richtigen Qualität, zum richtigen Zeitpunkt und im richtigen Format zur Verfügung zu stellen. Dies bildet die Basis für alle BI-Aktivitäten.

9.3 Die Bedeutung der Datenqualität

Eine der größten Herausforderungen im BI-Umfeld ist die Sicherstellung der Datenqualität. Datenqualität bezieht sich auf die Genauigkeit, Vollständigkeit, Konsistenz und Aktualität der Daten, die in Analysen verwendet werden. In der Praxis bedeutet dies, dass die Daten korrekt sein müssen, alle notwendigen Informationen enthalten, in allen Systemen übereinstimmen und zeitnah aktualisiert werden.

9.3.1 Dimensionen der Datenqualität

Um die Datenqualität zu bewerten, gibt es mehrere Dimensionen, die in Betracht gezogen werden sollten:

- **Genauigkeit**: Die Daten müssen korrekt und frei von Fehlern sein. Beispielsweise müssen finanzielle Transaktionen in einem ERP-System exakt erfasst werden, um korrekte Finanzberichte zu erstellen.
- **Vollständigkeit**: Es müssen alle erforderlichen Daten vorhanden sein. Fehlende Daten können dazu führen, dass Analysen unvollständig sind oder falsche Schlüsse gezogen werden.
- **Konsistenz**: Daten, die in verschiedenen Systemen oder Berichten verwendet werden, müssen übereinstimmen. Eine Produktbestandsmenge in einem ERP-System muss beispielsweise dieselbe sein wie in einem Vertriebssystem, um Fehlbestände zu vermeiden.

- **Aktualität**: Die Daten müssen aktuell und relevant sein. Veraltete Daten können zu falschen Entscheidungen führen, insbesondere in dynamischen Geschäftsbereichen wie dem Vertrieb oder dem Finanzwesen.
- **Eindeutigkeit**: Doppelte oder redundante Daten müssen vermieden werden, da sie die Analyse verzerren können.
- **Zugänglichkeit**: Daten müssen leicht zugänglich sein, wenn sie benötigt werden, ohne aufwändige manuelle Prozesse zur Datenextraktion oder -zusammenführung.

9.3.2 Auswirkungen schlechter Datenqualität

Schlechte Datenqualität kann erhebliche negative Auswirkungen auf ein Unternehmen haben:

- **Fehlentscheidungen**: Ungenaue oder unvollständige Daten können zu falschen Schlussfolgerungen und Entscheidungen führen, was sich auf die finanzielle Performance oder die strategische Ausrichtung des Unternehmens auswirken kann.
- **Kosten**: Das Korrigieren von Fehlern in Berichten, Analysen und Geschäftsprozessen aufgrund schlechter Datenqualität kann enorme Kosten verursachen. Studien zeigen, dass Unternehmen erhebliche Verluste erleiden können, wenn sie auf Basis schlechter Daten handeln.
- **Reputation**: Unternehmen, die auf ungenauen oder widersprüchlichen Daten basierende Berichte veröffentlichen, können ihre Reputation bei Kunden, Investoren und Partnern gefährden.
- **Produktivitätsverluste**: Mitarbeiter, die Zeit damit verbringen, Fehler in Daten zu beheben oder nach fehlenden Informationen zu suchen, sind weniger produktiv und tragen weniger zur Wertschöpfung des Unternehmens bei.

9.4 Herausforderungen im Datenmanagement

Das Datenmanagement in modernen Unternehmen ist mit einer Reihe von Herausforderungen konfrontiert. Diese Herausforderungen sind oft mit den Eigenschaften der Daten selbst sowie mit technologischen und organisatorischen Rahmenbedingungen verbunden.

9.4.1 Wachsende Datenmengen

Mit der zunehmenden Digitalisierung und der Nutzung neuer Technologien wie dem Internet der Dinge (IoT) wachsen die Datenmengen, die in Unternehmen generiert und gespeichert werden, exponentiell. Die Herausforderung besteht darin, diese riesigen Datenmengen effizient zu verwalten und sicherzustellen, dass nur die relevanten Daten für Analysen verwendet werden.

9.4.2 Datensilos

Viele Unternehmen leiden unter sogenannten Datensilos, in denen Daten isoliert in verschiedenen Abteilungen oder Systemen gespeichert werden, ohne miteinander verknüpft zu sein. Dies erschwert es, eine ganzheitliche Sicht auf die Unternehmensdaten zu erhalten und kann zu inkonsistenten und widersprüchlichen Informationen führen.

9.4.3 Unterschiedliche Datenformate

Daten werden in verschiedenen Formaten und Strukturen gespeichert, abhängig von den jeweiligen Quellsystemen. Es kann sich um strukturierte Daten in relationalen Datenbanken, unstrukturierte Daten aus Social Media oder halbstrukturierte Daten aus APIs handeln. Die Herausforderung besteht darin, diese verschiedenen Formate zu integrieren und in einer einheitlichen, analysierbaren Form zur Verfügung zu stellen.

9.4.4 Datenschutz und Compliance

Unternehmen müssen sicherstellen, dass ihre Datenmanagement-Prozesse den gesetzlichen Anforderungen entsprechen, insbesondere im Hinblick auf Datenschutzgesetze wie die DSGVO (Datenschutz-Grundverordnung). Der Missbrauch oder die unsachgemäße Handhabung von Daten kann schwerwiegende rechtliche und finanzielle Konsequenzen nach sich ziehen.

9.4.5 Datenqualitätssicherung

Die Sicherstellung der Datenqualität ist eine ständige Herausforderung, da Daten aus verschiedenen Quellen stammen, häufig aktualisiert werden und sich ständig ändern. Unternehmen müssen effektive Prozesse zur Bereinigung, Validierung und Anreicherung von Daten implementieren, um ihre Qualität auf einem hohen Niveau zu halten.

9.5 Best Practices für das Datenmanagement

Um die Herausforderungen des Datenmanagements zu bewältigen und eine hohe Datenqualität sicherzustellen, sollten Unternehmen auf bewährte Methoden und Prozesse zurückgreifen.

9.5.1 Implementierung einer Daten-Governance-Strategie

Daten-Governance ist ein zentrales Element eines erfolgreichen Datenmanagements. Sie umfasst die Definition von Richtlinien, Rollen und Verantwortlichkeiten für den Umgang mit Daten im Unternehmen. Eine effektive Daten-Governance-Strategie stellt sicher, dass Daten korrekt verwaltet werden und alle Beteiligten Zugang zu den richtigen Daten haben.

Wichtige Aspekte der Daten-Governance umfassen:

- **Datenverantwortlichkeit**: Es sollte klar definiert sein, wer für die Verwaltung und Pflege bestimmter Datensätze verantwortlich ist.
- **Datenrichtlinien**: Es müssen klare Richtlinien festgelegt werden, die beschreiben, wie Daten gesammelt, verarbeitet und genutzt werden dürfen.
- **Datensicherheit**: Es sollten strenge Sicherheitsmaßnahmen ergriffen werden, um den unbefugten Zugriff auf sensible Daten zu verhindern.

9.5.2 Regelmäßige Datenbereinigung und -validierung

Daten sollten regelmäßig überprüft, bereinigt und validiert werden, um sicherzustellen, dass sie korrekt und aktuell sind. Dies umfasst das Entfernen von Duplikaten, das Ausfüllen fehlender Informationen und das Korrigieren von Fehlern. Automatisierte Tools zur Datenbereinigung können dabei helfen, diesen Prozess effizient zu gestalten.

9.5.3 Nutzung moderner Technologien für das Datenmanagement

Moderne Technologien wie Cloud-Computing, Künstliche Intelligenz (KI) und maschinelles Lernen können das Datenmanagement erheblich verbessern. Cloud-basierte Plattformen bieten skalierbare Lösungen zur Speicherung und Verarbeitung großer Datenmengen, während KI-Algorithmen dabei helfen können, Muster in den Daten zu erkennen, die sonst möglicherweise übersehen würden.

9.5.4 Datenarchitektur optimieren

Eine gut durchdachte Datenarchitektur ist der Schlüssel zu einem erfolgreichen Datenmanagement. Unternehmen sollten sicherstellen, dass ihre Daten in einer Struktur organisiert sind, die sowohl den aktuellen als auch den zukünftigen Geschäftsanforderungen gerecht wird. Dies bedeutet, dass die Datenarchitektur flexibel, skalierbar und leicht zugänglich sein muss.

9.6 Datenqualitätssicherung: Maßnahmen und Tools

Um die Datenqualität kontinuierlich sicherzustellen, ist der Einsatz spezialisierter Werkzeuge und Methoden unerlässlich.

9.6.1 Datenqualitäts-Tools

Es gibt eine Reihe von Softwarelösungen, die speziell für die Sicherstellung der Datenqualität entwickelt wurden. Diese Tools bieten Funktionen wie Datenbereinigung, Validierung, Anomalieerkennung und Monitoring. Einige der bekanntesten Datenqualitäts-Tools sind:

- **Talend**: Bietet umfangreiche Funktionen zur Datenbereinigung, -integration und -qualitätssicherung.
- **Informatica Data Quality**: Ermöglicht die Überprüfung und Verbesserung der Datenqualität in Echtzeit.

- **IBM InfoSphere**: Ein umfassendes Datenqualitätsmanagement-Tool, das Unternehmen hilft, ihre Daten zu überwachen und zu pflegen.

9.6.2 Automatisierte Überwachungsprozesse

Automatisierte Überwachungsprozesse helfen dabei, die Datenqualität kontinuierlich zu überwachen und potenzielle Probleme frühzeitig zu erkennen. Diese Systeme können beispielsweise Warnungen ausgeben, wenn Daten nicht den festgelegten Qualitätsstandards entsprechen, oder automatisch Korrekturmaßnahmen durchführen.

9.7 Zusammenfassung: Datenmanagement als Fundament erfolgreicher BI-Initiativen

Datenmanagement und Datenqualität sind unverzichtbare Bestandteile eines erfolgreichen BI-Systems. Ohne qualitativ hochwertige und gut verwaltete Daten können Unternehmen nicht die Erkenntnisse gewinnen, die sie für fundierte Entscheidungen benötigen. Die Herausforderungen im Datenmanagement, wie wachsende Datenmengen, unterschiedliche Datenformate und Datenschutzanforderungen, erfordern sorgfältige Planung und die Implementierung bewährter Prozesse und Technologien.

In diesem Kapitel haben wir die wichtigsten Konzepte des Datenmanagements und der Datenqualität untersucht und gezeigt, wie Unternehmen durch eine gut durchdachte Datenstrategie erfolgreich mit ihren Daten arbeiten können. Die Sicherstellung der Datenqualität durch effektive Daten-Governance, regelmäßige Bereinigung und die Nutzung moderner Technologien ist entscheidend, um die Vorteile von BI vollständig auszuschöpfen und datenbasierte Entscheidungen zu treffen, die das Unternehmen voranbringen.

Zusatzkapitel 1: Die Rolle von Datenqualität in der Business Intelligence

In der heutigen datengetriebenen Geschäftswelt spielt die Qualität der Daten eine zentrale Rolle bei der Entscheidungsfindung. Ohne hochwertige Daten können Business Intelligence (BI)-Systeme ihre Aufgabe, wertvolle Erkenntnisse zu liefern, nicht effektiv erfüllen. Doch was genau bedeutet „Datenqualität" und warum ist sie so entscheidend für BI? Dieses Kapitel widmet sich der Bedeutung der Datenqualität und zeigt auf, wie Sie sicherstellen können, dass Ihre Daten verlässlich, konsistent und aussagekräftig sind.

1.1 Was versteht man unter Datenqualität?

Datenqualität bezieht sich auf den Zustand der Daten, die für Analyse- und Berichtsprozesse verwendet werden. Hochwertige Daten zeichnen sich durch bestimmte Eigenschaften aus, die sicherstellen, dass die daraus gewonnenen Analysen und Erkenntnisse korrekt und nützlich sind.

Wichtige Merkmale der Datenqualität:

- **Genauigkeit**: Die Daten müssen die Realität korrekt widerspiegeln. Falsche oder fehlerhafte Daten können zu falschen Schlussfolgerungen und letztlich zu fehlerhaften Entscheidungen führen.

- **Vollständigkeit**: Alle relevanten Daten müssen vorhanden sein, um eine fundierte Analyse zu ermöglichen. Fehlende Daten können wichtige Aspekte unberücksichtigt lassen.
- **Konsistenz**: Daten aus verschiedenen Quellen oder über unterschiedliche Zeiträume hinweg müssen übereinstimmen und ein einheitliches Bild liefern.
- **Aktualität**: Daten müssen rechtzeitig aktualisiert werden, um sicherzustellen, dass sie für die Entscheidungsfindung relevant bleiben.
- **Zuverlässigkeit**: Die Datenquellen müssen verlässlich sein, sodass die daraus abgeleiteten Erkenntnisse auch in der Praxis Bestand haben.
- **Relevanz**: Nicht alle Daten sind für jede Analyse relevant. Nur die wirklich relevanten Daten sollten in BI-Prozesse einfließen.

1.2 Warum ist Datenqualität für BI so wichtig?

Die Qualität der Daten beeinflusst die gesamte BI-Kette – von der Datenerfassung bis zur Entscheidungsfindung. Hier sind einige Gründe, warum Datenqualität von zentraler Bedeutung ist:

1.2.1 Verlässliche Entscheidungsfindung

BI-Systeme sind dafür konzipiert, datengestützte Entscheidungen zu unterstützen. Wenn jedoch die zugrunde liegenden Daten ungenau oder unvollständig sind, führt dies zu falschen Schlussfolgerungen und suboptimalen Entscheidungen. Die Qualität der Daten bestimmt direkt die Qualität der getroffenen Entscheidungen.

1.2.2 Effiziente Berichterstellung

Berichte, Dashboards und Analysen, die auf minderwertigen Daten basieren, sind unzuverlässig und können Entscheidungsträger verwirren. Im schlimmsten Fall müssen sie ständig überprüft oder korrigiert werden, was zu Verzögerungen und ineffizienten Arbeitsabläufen führt.

1.2.3 Kosteneffizienz

Schlechte Datenqualität kann teuer werden. Unternehmen verschwenden Zeit und Ressourcen, wenn sie Entscheidungen auf Basis ungenauer oder unvollständiger Daten treffen. Eine hohe Datenqualität hingegen trägt dazu bei, Geschäftsprozesse zu optimieren und Kosten zu senken.

1.2.4 Vertrauen in BI-Systeme

Eine hohe Datenqualität schafft Vertrauen in die BI-Systeme. Wenn Nutzer wissen, dass die Daten, auf denen Berichte und Analysen basieren, korrekt und verlässlich sind, steigert dies die Akzeptanz und Nutzung von BI im gesamten Unternehmen.

1.3 Herausforderungen bei der Sicherstellung der Datenqualität

Die Sicherstellung der Datenqualität ist ein kontinuierlicher Prozess, der mit verschiedenen Herausforderungen verbunden ist. Einige der häufigsten Hindernisse sind:

1.3.1 Daten aus verschiedenen Quellen

Unternehmen sammeln Daten aus einer Vielzahl von Quellen – CRM-Systeme, ERP-Systeme, Web-Analytics-Tools und mehr. Diese Daten stammen oft aus unterschiedlichen Systemen, Formaten und Kontexten, was die Konsistenz und Integration erschwert.

1.3.2 Unstrukturierte Daten

Viele Daten liegen in unstrukturierter Form vor, wie z. B. Textdokumente, E-Mails oder Social-Media-Beiträge. Solche Daten sind schwer zu analysieren und erfordern spezielle Techniken zur Bereinigung und Strukturierung.

1.3.3 Manuelle Dateneingabe

Manuell eingegebene Daten sind besonders anfällig für Fehler. Tippfehler, unvollständige Felder oder falsche Formate können die Qualität der Daten beeinträchtigen.

1.3.4 Veraltete Daten

Unternehmen müssen sicherstellen, dass sie stets mit aktuellen Daten arbeiten. Veraltete Informationen können zu falschen Einschätzungen führen, da sie nicht den aktuellen Zustand des Unternehmens widerspiegeln.

1.4 Maßnahmen zur Verbesserung der Datenqualität

Die Sicherstellung einer hohen Datenqualität erfordert eine systematische Vorgehensweise und den Einsatz geeigneter Techniken und Tools. Hier sind einige Maßnahmen, die Sie ergreifen können, um die Datenqualität in Ihrem Unternehmen zu verbessern:

1.4.1 Etablierung von Datenqualitätsstandards

Definieren Sie klare Standards für Datenqualität in Ihrem Unternehmen. Diese Standards sollten Kriterien wie Genauigkeit, Vollständigkeit und Konsistenz umfassen und regelmäßig überprüft werden. Ein standardisiertes Regelwerk hilft dabei, einheitliche Anforderungen an die Daten zu gewährleisten.

1.4.2 Automatisierte Datenprüfung

Nutzen Sie Tools und Technologien zur automatisierten Überprüfung und Bereinigung Ihrer Daten. Diese Tools können fehlerhafte oder inkonsistente Daten identifizieren und automatisch korrigieren oder bereinigen. Beispiele sind Validierungsregeln für Dateneingaben und die Implementierung von Datenintegritätskontrollen.

1.4.3 Schulung von Mitarbeitern

Schulungen für Mitarbeiter, die mit der Datenerfassung oder -eingabe betraut sind, tragen erheblich zur Verbesserung der Datenqualität bei. Wenn Mitarbeiter die Bedeutung von

Datenqualität verstehen und wissen, wie sie sorgfältig und korrekt mit Daten umgehen, sinkt die Wahrscheinlichkeit von Fehlern.

1.4.4 Einsatz von Data Governance

Data Governance ist ein unternehmensweiter Ansatz zur Verwaltung der Datenqualität. Es definiert Verantwortlichkeiten, Prozesse und Richtlinien für den Umgang mit Daten. Ein effektives Data Governance-Programm stellt sicher, dass die Datenintegrität langfristig gewahrt bleibt und Verantwortlichkeiten klar zugewiesen sind.

1.5 Best Practices zur Sicherstellung der Datenqualität in BI-Projekten

Um sicherzustellen, dass Ihre BI-Projekte von einer hohen Datenqualität profitieren, sollten Sie einige Best Practices befolgen:

- **Kontinuierliches Monitoring**: Überwachen Sie die Datenqualität regelmäßig und passen Sie Ihre Prozesse bei Bedarf an.
- **Datenbereinigung als Standardprozess**: Integrieren Sie die Datenbereinigung als festen Bestandteil Ihres BI-Prozesses. Dies hilft, Fehler rechtzeitig zu erkennen und zu beheben.
- **Automatisierte Prozesse**: Automatisieren Sie so viele Prozesse wie möglich, um menschliche Fehler zu minimieren.
- **Feedbackschleifen**: Stellen Sie sicher, dass es Feedbackmechanismen gibt, die auf Fehler oder Unstimmigkeiten in den Daten hinweisen. Diese sollten schnell bearbeitet werden, um die Datenqualität zu sichern.

- **Regelmäßige Schulungen und Awareness**: Halten Sie das Wissen der Mitarbeiter über die Bedeutung und Anforderungen der Datenqualität stets auf dem neuesten Stand.

1.6 Fazit

Datenqualität ist das Rückgrat erfolgreicher Business Intelligence. Ohne qualitativ hochwertige Daten verlieren BI-Systeme ihre Wirksamkeit, und die daraus abgeleiteten Erkenntnisse werden unzuverlässig. Unternehmen müssen daher kontinuierlich in die Sicherstellung der Datenqualität investieren, um fundierte, datengetriebene Entscheidungen treffen zu können.

Zusatzkapitel 2: Trends und zukünftige Entwicklungen in der Business Intelligence

Business Intelligence (BI) hat in den letzten Jahren einen enormen Wandel erlebt, und es ist zu erwarten, dass sich diese Entwicklung in den kommenden Jahren weiter beschleunigen wird. Die Technologien und Methoden, die heute als Standard gelten, werden in Zukunft durch neue Trends und Innovationen ergänzt oder sogar abgelöst. In diesem Kapitel beleuchten wir die wichtigsten Trends und Entwicklungen, die die Zukunft von BI prägen werden.

2.1 Automatisierung und KI in BI

Eine der größten Veränderungen, die bereits in der BI-Branche Einzug gehalten hat und auch weiterhin prägen wird, ist der Einsatz von Künstlicher Intelligenz (KI) und maschinellem Lernen (ML). Automatisierung und KI bieten enorme Potenziale, um BI-Prozesse effizienter, schneller und genauer zu gestalten.

2.1.1 Automatisierte Datenanalyse

Künstliche Intelligenz ermöglicht es, große Datenmengen automatisch zu analysieren, Muster zu erkennen und Trends zu identifizieren, die für den Menschen möglicherweise nicht sofort sichtbar sind. Dies spart nicht nur Zeit, sondern führt oft auch zu tiefergehenden Einsichten. Automatisierte Analysewerkzeuge können beispielsweise Anomalien oder Ausreißer in Echtzeit erkennen und darauf hinweisen, dass eine bestimmte Metrik oder KPI weiter untersucht werden sollte.

2.1.2 Augmented Analytics

Augmented Analytics kombiniert maschinelles Lernen und KI, um den Analyseprozess zu verbessern. BI-Tools der nächsten Generation können Nutzern Empfehlungen geben, wie sie Daten analysieren sollten, welche Visualisierungen am besten geeignet sind und welche Zusammenhänge beachtet werden müssen. Dies reduziert den manuellen Aufwand und hilft auch BI-Einsteigern, komplexe Analysen durchzuführen.

2.1.3 Automatisierte Entscheidungsfindung

Ein weiterer Trend ist die Integration von KI in Entscheidungsprozesse. So können BI-Systeme in Zukunft nicht nur Daten analysieren, sondern auch Handlungsempfehlungen geben oder sogar bestimmte Entscheidungen automatisiert treffen. Dies ist besonders in Szenarien von Vorteil, in denen schnelle Entscheidungen auf Basis großer Datenmengen getroffen werden müssen, wie zum Beispiel im Finanzsektor oder im E-Commerce.

2.2 Self-Service BI und Demokratisierung von Daten

In der Vergangenheit war der Zugang zu BI-Lösungen oft auf Experten und spezialisierte Teams beschränkt. Ein klarer Trend in der BI-Entwicklung ist die sogenannte **Demokratisierung von Daten**, bei der immer mehr Mitarbeiter innerhalb eines Unternehmens direkten Zugang zu BI-Tools und Datenanalysen erhalten.

2.2.1 Self-Service BI

Self-Service BI-Tools wie Power BI, Tableau oder Google Data Studio ermöglichen es auch Anwendern ohne tiefgehende IT- oder Analysekenntnisse, eigene Berichte und Dashboards zu erstellen. Diese Tools sind intuitiv gestaltet und bieten benutzerfreundliche Oberflächen, die es auch Nicht-Experten ermöglichen, auf Daten zuzugreifen, Analysen durchzuführen und eigene Insights zu gewinnen.

2.2.2 Förderung der datengetriebenen Unternehmenskultur

Der zunehmende Einsatz von Self-Service BI fördert eine **datengetriebene Unternehmenskultur**, in der Mitarbeiter auf allen Ebenen Daten in ihre Entscheidungsprozesse einfließen lassen. Dies führt zu einer erhöhten Effizienz, da Entscheidungen schneller und fundierter getroffen werden können. Zudem werden Daten nicht mehr als „Ressource der IT-Abteilung" gesehen, sondern als strategisches Asset, das das gesamte Unternehmen durchdringt.

2.3 Datenvisualisierung der nächsten Generation

Datenvisualisierung ist seit jeher ein zentraler Bestandteil von BI, und auch hier entwickeln sich neue Trends. Während herkömmliche Dashboards und Grafiken weiterhin nützlich sind, werden in Zukunft neue Formen der Datenvisualisierung und -interaktion eine größere Rolle spielen.

2.3.1 Interaktive Dashboards

Interaktive Dashboards sind bereits weit verbreitet, aber ihre Funktionalität wird in den kommenden Jahren noch weiter ausgebaut. Zukünftige BI-Lösungen werden es Nutzern ermöglichen, noch tiefer in Daten einzutauchen, indem sie selbst Ad-hoc-Analysen direkt in den Dashboards durchführen können. Drill-Down-Funktionen, Filter und Anpassungen in Echtzeit werden zur Norm, und die Benutzer werden eine immer größere Kontrolle über die präsentierten Daten haben.

2.3.2 Datenvisualisierung in Echtzeit

Mit dem Aufkommen von Echtzeit-Datenströmen, wie sie etwa durch IoT-Geräte (Internet of Things) oder Social-Media-Feeds generiert werden, steigt auch die Bedeutung von Echtzeit-Datenvisualisierungen. Unternehmen müssen in der Lage sein, auf sich schnell ändernde Bedingungen sofort zu reagieren, und BI-Systeme müssen diese Fähigkeit durch die Darstellung von Live-Daten unterstützen. Dies wird besonders in Bereichen wie der Logistik, dem Einzelhandel und dem Finanzsektor von Bedeutung sein.

2.3.3 Virtuelle Realität (VR) und erweiterte Realität (AR)

Ein besonders spannender, wenn auch noch in der Entwicklung befindlicher Trend ist der Einsatz von **Virtual Reality (VR)** und **Augmented Reality (AR)** in der Datenvisualisierung. Diese Technologien ermöglichen es Nutzern, Daten in einer dreidimensionalen Umgebung zu betrachten und zu analysieren. Anstatt Daten in traditionellen 2D-Grafiken zu betrachten, könnten Anwender in Zukunft in einer virtuellen Welt durch ihre Daten navigieren und Muster in einem völlig neuen Format entdecken.

2.4 Cloud-basierte BI und Datenintegration

Cloud-Technologien revolutionieren die Art und Weise, wie BI-Lösungen bereitgestellt und genutzt werden. Unternehmen verlagern immer mehr ihrer BI-Systeme in die Cloud, um von Flexibilität, Skalierbarkeit und Kosteneffizienz zu profitieren.

2.4.1 Cloud-basierte BI-Plattformen

BI-Plattformen wie Microsoft Power BI und Tableau bieten bereits Cloud-basierte Versionen ihrer Software an, die es Unternehmen ermöglichen, Daten direkt in der Cloud zu speichern, zu analysieren und zu visualisieren. Der Vorteil von Cloud-basierten BI-Lösungen liegt in der einfachen Skalierbarkeit und der Möglichkeit, von überall auf Daten zuzugreifen. Dies ist besonders in einer zunehmend globalen und mobilen Arbeitswelt von Vorteil.

2.4.2 Datenintegration in der Cloud

Da immer mehr Datenquellen ebenfalls in die Cloud verlagert werden, wird die Datenintegration zu einer Schlüsselherausforderung. BI-Systeme müssen in der Lage sein, Daten aus verschiedenen Cloud-Diensten und -Plattformen zu integrieren und in einer einheitlichen Ansicht bereitzustellen. Dies umfasst die Integration von ERP-Systemen, CRM-Daten und weiteren Geschäftsanwendungen, die oft auf verschiedenen Plattformen laufen.

2.5 Predictive und Prescriptive Analytics

Die nächste Evolutionsstufe der BI geht über die reine Analyse vergangener Daten hinaus. **Predictive Analytics** und **Prescriptive Analytics** helfen Unternehmen dabei, zukünftige Entwicklungen vorherzusagen und proaktiv Maßnahmen zu ergreifen.

2.5.1 Predictive Analytics

Predictive Analytics nutzt historische Daten und Algorithmen, um Vorhersagen über zukünftige Ereignisse zu treffen. Durch den

Einsatz von maschinellem Lernen können BI-Systeme beispielsweise Prognosen über Umsatzentwicklungen, Markttrends oder Kundeverhalten treffen. Dies ermöglicht es Unternehmen, sich auf zukünftige Herausforderungen vorzubereiten und Chancen frühzeitig zu erkennen.

2.5.2 Prescriptive Analytics

Prescriptive Analytics geht einen Schritt weiter als Predictive Analytics. Während Predictive Analytics vorhersagt, was wahrscheinlich passieren wird, gibt Prescriptive Analytics konkrete Handlungsempfehlungen. Diese Art der Analyse hilft Unternehmen, Entscheidungen zu treffen, indem sie aufzeigt, welche Maßnahmen ergriffen werden sollten, um bestimmte Ergebnisse zu erzielen.

2.6 Data Governance und Sicherheit

Mit der zunehmenden Verbreitung von Daten und der Demokratisierung von BI wachsen auch die Anforderungen an die Datenverwaltung und -sicherheit. Unternehmen müssen sicherstellen, dass ihre Daten korrekt, sicher und im Einklang mit gesetzlichen Vorschriften verwaltet werden.

2.6.1 Stärkere Data Governance

Data Governance bezieht sich auf die Prozesse, Richtlinien und Standards, die den Umgang mit Daten im Unternehmen regeln. In Zukunft wird es noch wichtiger, klare Richtlinien für den Zugang zu Daten, die Datenqualität und die Datenverantwortlichkeit zu definieren. Eine effektive Data Governance stellt sicher, dass die richtigen Personen die richtigen Daten zur richtigen Zeit nutzen können.

2.6.2 Datenschutz und Compliance

Mit der Einführung strenger Datenschutzgesetze wie der DSGVO in Europa müssen Unternehmen sicherstellen, dass sie den Schutz personenbezogener Daten gewährleisten. BI-Systeme müssen in der Lage sein, sensible Daten zu anonymisieren und sicher zu speichern, während gleichzeitig Compliance-Richtlinien eingehalten werden.

Fazit

Die Welt der Business Intelligence entwickelt sich stetig weiter, angetrieben durch technologische Fortschritte und den wachsenden Bedarf an datengetriebenen Entscheidungen. Trends wie die Automatisierung durch KI, Self-Service BI, interaktive Datenvisualisierungen, Cloud-basierte Lösungen und Predictive Analytics werden die Art und Weise, wie Unternehmen Daten nutzen, in den kommenden Jahren grundlegend verändern. Unternehmen, die diese Trends frühzeitig adaptieren, werden einen klaren Wettbewerbsvorteil haben und in der Lage sein, datengestützte Entscheidungen noch effizienter und präziser zu treffen.

Schlusswort

Wir befinden uns in einer Ära, in der Daten die Grundlage für Entscheidungen, Innovationen und den Erfolg von Unternehmen bilden. Die zunehmende Digitalisierung der Welt hat zu einem stetigen Anstieg der verfügbaren Informationen geführt, und Business Intelligence (BI) ist das entscheidende Werkzeug, um diese Daten sinnvoll zu nutzen. Wenn Sie dieses Buch bis hierher gelesen haben, haben Sie einen bedeutenden Schritt unternommen, um diese Möglichkeiten zu verstehen und für sich nutzbar zu machen.

Der Weg von der Theorie zur Praxis

In diesem Buch haben wir uns intensiv mit den Grundlagen und der praktischen Anwendung von BI, Datenanalyse und Reporting beschäftigt. Angefangen bei den **Grundprinzipien der Business Intelligence** über die **Datenaufbereitung** und **Visualisierung** bis hin zu **fortgeschrittenen Themen wie der Datenintegration und der Sicherstellung von Datenqualität** – jedes Kapitel hatte das Ziel, Ihnen sowohl theoretisches Wissen als auch praktische Fähigkeiten zu vermitteln.

Die Herausforderungen im Bereich BI mögen am Anfang groß erscheinen, besonders wenn Sie neu auf diesem Gebiet sind. Doch ich hoffe, dass die in diesem Buch dargestellten Konzepte Ihnen gezeigt haben, dass Business Intelligence kein unerreichbares Ziel ist. Vielmehr handelt es sich um eine systematische Herangehensweise, bei der das richtige Verständnis von Daten, Tools und Prozessen es ermöglicht, sinnvolle und **datenbasierte Entscheidungen** zu treffen, die Ihr Unternehmen oder Ihre berufliche Laufbahn voranbringen.

Business Intelligence als fortlaufende Entwicklung

Es ist wichtig zu betonen, dass Business Intelligence kein statischer Prozess ist. Die Welt der BI ist dynamisch und entwickelt sich ständig weiter – sowohl in technischer als auch in konzeptioneller Hinsicht. Neue Technologien wie **Künstliche Intelligenz (KI)**, **maschinelles Lernen** und **Big Data** werden kontinuierlich in die

BI-Landschaft integriert und erweitern die Möglichkeiten der Datenanalyse und Entscheidungsfindung.

Was Sie heute gelernt haben, bildet die Grundlage. Doch in der BI-Welt werden Sie immer wieder auf neue Trends, Tools und Methoden stoßen, die Ihnen helfen, Ihre Analysen noch präziser und schneller zu gestalten. Sehen Sie dieses Buch daher als **Startpunkt** für Ihre Reise in die Welt der Daten. Nutzen Sie das erworbene Wissen, um tiefer in die Materie einzutauchen, und bleiben Sie neugierig auf die Entwicklungen, die noch kommen werden.

Der Wert von Daten in der modernen Wirtschaft

Wie Sie inzwischen wissen, können Unternehmen, die ihre Daten effizient nutzen, erhebliche Wettbewerbsvorteile erzielen. Business Intelligence ist ein entscheidendes Instrument, um aus Rohdaten wertvolle **Erkenntnisse** zu gewinnen. Die richtige Interpretation und Nutzung von Daten kann den Unterschied zwischen Erfolg und Misserfolg eines Unternehmens ausmachen.

Dabei geht es nicht nur um die **technische Umsetzung**, sondern vor allem um das **Verständnis der Daten** und deren Bedeutung für Ihr Geschäft. Das Verknüpfen von Geschäftsstrategien mit Datenanalysen ermöglicht es, die richtigen Fragen zu stellen, Trends frühzeitig zu erkennen und datengestützte Antworten zu liefern, die zur Verbesserung von Prozessen, Produkten und Dienstleistungen führen.

In diesem Buch haben wir besprochen, wie BI **Entscheidungen auf allen Ebenen** eines Unternehmens unterstützen kann – sei es in der operativen, taktischen oder strategischen Dimension. Es ist die Fähigkeit, die Vergangenheit zu analysieren, die Gegenwart zu verstehen und die Zukunft vorherzusagen, die BI zu einem so mächtigen Werkzeug macht.

Herausforderungen und Chancen der Zukunft

Obwohl Business Intelligence zahlreiche Vorteile bietet, gibt es auch Herausforderungen, denen Unternehmen und Einzelpersonen gegenüberstehen. Eines der zentralen Themen in der heutigen Geschäftswelt ist die **Datenqualität**. Unternehmen müssen sicherstellen, dass ihre Daten korrekt, aktuell und vollständig sind, um zuverlässige Analysen durchzuführen. Ein weiteres wichtiges Thema ist der **Datenschutz**, insbesondere im Zusammenhang mit strengen Regelungen wie der Datenschutz-Grundverordnung (DSGVO). Der verantwortungsvolle Umgang mit Daten wird für den langfristigen Erfolg entscheidend sein.

Neben diesen Herausforderungen gibt es jedoch auch eine Vielzahl von Chancen. Die kontinuierliche Entwicklung neuer BI-Tools und -Technologien eröffnet Unternehmen immer neue Möglichkeiten, ihre Daten auf innovative Weise zu nutzen. **Automatisierung**, **Echtzeit-Analysen** und **Predictive Analytics** sind nur einige der Trends, die das Potenzial haben, die Art und Weise, wie wir Entscheidungen treffen, grundlegend zu verändern.

Der Mensch im Zentrum der Business Intelligence

Trotz aller technologischen Fortschritte sollte nie vergessen werden, dass **der Mensch** im Zentrum von BI steht. Es sind Ihre **Fähigkeiten**, **Erfahrungen** und **Entscheidungen**, die den Unterschied machen. Technologien und Tools sind nur so gut wie die Menschen, die sie verwenden. Daher ist es entscheidend, ein **kritisches Denken** zu entwickeln und stets zu hinterfragen, wie Daten sinnvoll genutzt werden können.

BI ist keine rein technische Disziplin – es ist eine Kombination aus **Fachwissen**, **analytischen Fähigkeiten** und einem **guten Verständnis** der Geschäftsprozesse. Erfolgreiche BI-Experten zeichnen sich nicht nur durch ihre technischen Fähigkeiten aus, sondern auch durch ihr Verständnis dafür, wie Daten die Ziele des Unternehmens unterstützen können.

Abschließende Gedanken

Zum Abschluss möchte ich Sie ermutigen, das erworbene Wissen nicht nur zu bewahren, sondern es aktiv in die Tat umzusetzen. Ob Sie ein **kleines Unternehmen** leiten, das die Vorteile von BI zur Optimierung seiner Geschäftsprozesse nutzen möchte, oder ob Sie in einem **großen Unternehmen** tätig sind, das komplexe Datenmengen in Echtzeit analysiert – Business Intelligence kann Ihnen helfen, Ihre Ziele schneller und effizienter zu erreichen.

Denken Sie daran: BI ist ein **fortlaufender Prozess**. Die ständige Weiterentwicklung Ihrer Fähigkeiten, das Verständnis für neue Technologien und die Anpassung an sich verändernde Geschäftsanforderungen sind der Schlüssel, um langfristig erfolgreich zu sein. Lassen Sie sich von der Komplexität des Themas nicht abschrecken, sondern nutzen Sie die vielen Ressourcen, die Ihnen zur Verfügung stehen, um kontinuierlich zu lernen und zu wachsen.

Der Autor hat bisher folgende Bücher veröffentlicht:

Titel	ISBN
Go in der Praxis	979-8339062486
Container, Docker und Kubernetes	979-8340218391
Kotlin Programmierung	979-8343523539
Business Intelligence Basics	979-8339533467
Rust für Entwickler	979-8344961064
Programmieren mit R	979-8308053439

www.ingramcontent.com/pod-product-compliance
Lightning Source LLC
Chambersburg PA
CBHW070155230526
45471CB00002B/667